Baby-& Kinderkleidung

Nähen mit stoffe.de

MIT 2 SCHNITTMUSTERBOGEN
UND 10 NÄHVIDEOS

Extra-Service

Schnittmuster zum Download: Alle auf den beiden beiliegenden Schnittmusterbogen abgedruckten Schnittmuster stehen auch zum Download als PDF-Dateien auf unserer Webseite bereit. Für den Download der einzelnen Schnittmuster benötigen Sie einen PC mit Drucker, einen Internetzugang sowie das Programm Adobe® Acrobat® Reader. Damit können Sie sich die Schnittmuster im Format DIN A4 ausdrucken. Das Zusammenfügen mehrseitiger Schnittmuster ist nicht schwierig: Eine Anleitung hierzu finden Sie auf der Webseite.

Zu unserer Webseite gelangen Sie über den hier abgedruckten Internetlink, den Sie in die Adresszeile Ihres Browsers eingeben, oder den QR-Code:

http://more4u.online/hsj

Dann das gewünschte Schnittmuster auswählen und entsprechend der Anleitung auf der Webseite ausdrucken und ggf. zusammensetzen.

Videos zu den wichtigsten Nähtechniken: Überall dort, wo auf den Seiten 6–63 ein QR-Code auftaucht, gibt es ein kurzes Video, das eine bestimmte Nähtechnik veranschaulicht, die beim jeweiligen Modell oder an anderer Stelle im Buch zum Einsatz kommt.

So können Sie die Videos abspielen:
• Eine beliebige App zum Scannen von QR-Codes – diese sind kostenlos im App Store® oder bei Google Play® erhältlich – auf dem Smartphone oder Tablet installieren, falls noch nicht vorhanden.
• Die App starten und den QR-Code aus dem Buch scannen.

• Jetzt nur noch das gewünschte Video starten und es kann losgehen!

Alternativ lassen sich die Videos auch an jedem PC abspielen. Einfach den angegebenen Link zu jedem QR-Code in die Adresszeile des Browsers eingeben, und schon kann das jeweilige Video gestartet werden.

Zu einer Übersicht aller Einzelvideos gelangen Sie hier:

https://www.stoffe.de/diy-videos

Hinweis zu Materialangaben: Die Angabe der Stoffbreite in allen Materiallisten bezieht sich stets auf die gesamte Ballenbreite.

Exklusiv-Rabatt von stoffe.de

Unser Geschenk an Sie: Sparen beim Materialkauf! Registrieren Sie sich unter diesem QR-Code oder Link

www.stoffe.de/kinderkleidung/gutschein

und erhalten Sie einen **10-€-Gutschein auf Ihren ersten Einkauf.** Viel Spaß beim Nähen!

Danksagung
Wir bedanken uns bei der Firma fabfab GmbH (stoffe.de) für die Unterstützung beim Erstellen dieses Buches.

Inhaltsverzeichnis

Alle Modelle im Überblick

Hier geht's zum Onlineshop von stoffe.de :

www.stoffe.de

Nähspaß mit den schönsten Stoffen

Nähen liegt voll im Trend! Die mittlerweile riesige Auswahl an Stoffen und Accessoires garantiert Ihnen ein grenzenloses Nähvergnügen – ganz egal, ob Sie daraus Kuscheltiere, Babystrampler, schicke Taschen, Deko-Ideen oder eigene Outfits nähen. Damit die Projekte auch wirklich gelingen, ist die Wahl der richtigen Stoffqualität von großer Bedeutung. Fachhändler wie stoffe.de informieren in ihrer Produktbeschreibung meist umfassend über Zusammensetzung und Verwendung ihrer Stoffe. Denn nicht jedes Material eignet sich gleichermaßen für jedes Projekt. Für Taschen beispielsweise sollten vor allem robuste Stoffe verwendet werden, die auch mal nass oder schmutzig werden dürfen. Wer für sich selbst oder für den Nachwuchs Bekleidung näht, ist mit weichen, bequemen und hautfreundlichen Materialien gut beraten. Die bekanntesten Stoffqualitäten, aus denen sich „fast alles" nähen lässt, sind:

Baumwolle: Der mit Abstand beliebteste Naturstoff ist Baumwolle. Aufgrund seiner Festigkeit lässt er sich einfach verarbeiten und ist deshalb besonders gut für Einsteiger geeignet. Zudem ist er quasi universell einsetzbar. Es gibt ihn in unzähligen Farben und Designs, weshalb er gern für Kleidung (dann häufig unter Beimischung von elastischen Kunstfasern), aber auch für Heimtextilien, Dekorationsideen und Stofftiere verwendet wird.

 Gerade bei Textilien für Kinder ist eine hohe Qualität der Baumwolle besonders wichtig. So werden z.B. alle Stoffe aus der **Tula-Kollektion von stoffe.de** ausschließlich in Premium-Bio-Qualität mit GOTS-Zertifikat produziert. Als weltweit anerkannter Standard steht GOTS (Global Organic Textile Standard) für umwelt- und sozialverantwortliche Fertigung von Textilien. Die Tula-Stoffe sind als „organic" oder „made with organic" zertifiziert. Das bedeutet: Mindestens 70 % der Rohstoffe werden kontrolliert biologisch erzeugt, und sowohl die Verarbeitung als auch die komplette Lieferkette unterliegen strengen Richtlinien, die Mensch, Tier und Umwelt schützen sollen. Außerdem führt stoffe.de zusätzlich hausinterne Tests durch. Auf diese Weise garantiert das Unternehmen auch eine Farbechtheit (bei 40°C) sowie eine besonders niedrige Einlaufquote beim Waschen.

Popeline: Das glatte Gewebe mit feinen Querrippen, die beim Weben durch die Bindung entstehen, eignet sich vor allem für Bekleidung.

Jersey: Entweder aus Baumwolle oder Viskose unter Beimischung von Polyester und Elasthan hergestellt, ist die dehnbare Maschenware, von dünn und leicht bis hin zu dick und wärmend, ein echter Trendsetter für Nähprojekte rund um Bekleidung für Groß und Klein. Zur Tula-Kollektion von stoffe.de gehören auch zahlreiche Jerseystoffe.

Nicki: Der Jerseystoff, der eine samtähnliche Oberfläche aufweist und durch die Maschen dehnbar ist, ist hervorragend für Bekleidung, vor allem für Babys und Kinder, geeignet.

Bündchenware (Strickbündchen): Ob glatt oder gerippt, die dehnbare Bündchenware aus Baumwolle und Elasthan macht jede Bewegung mit und leiert nicht aus.

Fleece: ein flauschiger, atmungsaktiver Stoff aus Mikrofaser, der durch seine wärmenden Eigenschaften vor allem für Bekleidung oder Heimtextilien geeignet ist

Je nach Projekt können natürlich noch zahlreiche weitere Materialien zum Einsatz kommen. Für Taschen, die praktisch und gleichzeitig robust sein sollen, eignet sich zum Beispiel wasserabweisendes, abwaschbares Wachstuch oder Canvas, ein Segeltuch, das durch sein dichtes und festes Gewebe sehr robust und strapazierfähig ist. Wer kein echtes Leder verarbeiten möchte, kann zu Lederimitat oder Korkstoff greifen. Beide Materialien sind nicht nur voll im Trend und sehen edel aus, sie sind stabil, recht einfach zu verarbeiten, fransen nicht aus und verziehen sich auch nicht beim Nähen.

Wenn Sie jetzt Lust aufs Ausprobieren bekommen haben, blättern Sie am besten gleich weiter. Freuen Sie sich auf jede Menge unverwechselbare Ideen, die Sie garantiert begeistern werden.

Liebe
Mütter, Tanten ...

Nähen ist meine Leidenschaft! Es gibt doch keinen schöneren Zeitvertreib, als an einem gemütlichen Sonntag die Nähmaschine aus dem Schrank zu holen und in Unmengen von Stoffen zu wühlen, um ein neues Projekt zu beginnen.

In den letzten Jahren habe ich mein Steckenpferd „Nähen für Babys und Kinder" für mich entdeckt. Inspiriert von vielen tollen, farbenfrohen Stoffen, haben sich meine ersten Projekte fast von selbst genäht. 2016 wurde dann zu meinem Nähjahr. Exklusiv für stoffe.de habe ich meine erste eigene Kinnertied-Stoffkollektion entworfen! Es war ein unbeschreibliches Gefühl, etwa meine selbst illustrierten Bären im Stofflager von scheinbar endlos langen Stoffbahnen winken zu sehen.

Vom Nähfieber gepackt, habe ich mich anschließend an den Schreibtisch gesetzt und meine Lieblingsprojekte rund um Schühchen, Jacken und Hosen zusammengestellt, um nun auch Sie an die Nähmaschine zu locken. Ob für den eigenen Nachwuchs oder als Geschenk zur Geburt oder zum Geburtstag – es gibt ganz schön viele Gründe, die Nähmaschine am besten gar nicht mehr zurück in den Schrank zu stellen!

Jetzt wünsche ich Ihnen aber erst einmal viel Spaß beim Stöbern durch das Buch und natürlich beim Aussuchen und Umsetzen der ersten Ideen. Lassen Sie sich inspirieren und probieren Sie nach Lust und Laune aus! Wagen Sie sich Schritt für Schritt an neue Projekte und lernen Sie mit unseren Video-Tutorials praktische Kniffe und Tricks. Vielleicht wird das Nähen ja auch bald Ihre neue Leidenschaft?

Ihre Jessica Stuckstätte

PS: Falls Sie sich fragen, was wohl „Kinnertied" bedeutet:
Das ist Plattdeutsch und heißt „Kinderzeit".

Strampelanzug mit Füßchen

Größe: 74

MATERIAL

Nickistoff in Dunkelblau-Beige gestreift –
160 cm breit, 65 cm lang

Strickbündchen glatt in Blau –
84 cm breit, 30 cm lang

7 Druckknöpfe in Türkisblau –
ø 12,4 mm

farblich passendes Garn

So wird's gemacht

Zuschneiden:

Hinweis: Alle Teile plus 1 cm Nahtzugabe zuschneiden außer an Ärmel- und Halsausschnitten beim Vorder- und Rückenteil. Markierungen übernehmen.

aus Nickistoff: 1x Vorderteil im Bruch,
1x Rückenteil im Bruch, 2x Fußteil
aus Strickbündchen: 2x Sohle, 2x schmaler Streifen 42 cm breit, 4 cm lang, 2x breiter Streifen 84 cm breit, 4 cm lang

❶ Beim Vorderteil die rechte und beim Rückenteil die linke Seitenkante versäubern. Diese beiden Kanten mit Geradstich zusammennähen und die Nahtzugaben auseinanderbügeln.

❷ Die zwei breiten Strickbündchenstreifen an je einer kurzen Seite zu einem Streifen zusammennähen und rechts auf links an die Oberkante von Vorder- und Rückenteil stecken. Die Naht des Strickbündchenstreifens trifft dabei auf die Naht zwischen Vorder- und Rückenteil. Den Streifen festnähen, nach rechts einklappen und wie ein Schrägband knappkantig festnähen.

❸ Zum Einfassen der Schrittkanten einen schmalen Strickbündchenstreifen rechts auf links an die Schrittkante des Vorderteils nähen, nach rechts einklappen und knappkantig annähen. Diesen Arbeitsschritt beim Rückenteil wiederholen. Alle Einfassungen bügeln.

❹ Anschließend die zweite Seitennaht mit Geradstich schließen, dabei die Enden des Strickbündchenstreifens mitfassen. Die Seitennaht versäubern. Die Nahtzugaben auseinanderbügeln und versäubern. Den Strampelanzug auf rechts wenden.

❺ Vor dem Annähen der Füße die Einfassungen am Fußende von Vorder- und Rückenteil genau aufeinanderstecken. Jeweils ein Fußteil bis zur Markierung an die Vorderseite der Beine nähen und die Nahtzugabe versäubern. Die Sohlen rechts auf rechts ringsum festnähen und die Nahtzugaben versäubern.

❻ An den Schultern jeweils mittig einen Druckknopf anbringen. Entlang der Beininnenseiten gemäß den Markierungen fünf Druckknöpfe anbringen.

FÜR DAS ERSTE JAHR

Süße Strampelkombi

Größen: Einheitsgröße 0–6 Monate (Strampelsack) 74 (Jersey-Wickelshirt)

MATERIAL

STRAMPELSACK

Popeline in Weiß mit Hasenmuster –
145 cm breit, 50 cm lang (Oberstoff)

Jerseystoff in Weiß –
160 cm breit, 50 cm lang (Futterstoff)

Strickbündchen in Türkis –
70 cm breit, 25 cm lang

farblich passendes Garn

JERSEY-WICKELSHIRT

Jerseystoff in Weiß –
160 cm breit, 45 cm lang

Bügelvlies –
einseitig haftend, 20 cm breit,
4 cm lang

4 Jersey-Druckknöpfe in Weiß –
ø 12,4 mm

farblich passendes Garn

Hier geht's zum Video:

www.stoffe.de/pucksack-naehen

So wird's gemacht

Zuschneiden Strampelsack:

Hinweis: Die Teile aus Popeline (Oberstoff) plus 1 cm Nahtzugabe zuschneiden, die Teile aus Jerseystoff ohne Nahtzugabe.

aus Popeline: 2x Strampelsack im Bruch
aus Jerseystoff: 2x Strampelsack im Bruch
aus Strickbündchen: 1x Bündchen 42 cm breit, 22 cm lang

Zuschneiden Jersey-Wickelshirt:

Hinweis: Alle Teile plus 1 cm Nahtzugabe zuschneiden. Bei Lasche und Streifen sind die Nahtzugaben bereits enthalten. Markierungen übernehmen.

aus Jerseystoff: 1x rechtes Vorderteil, 1x linkes Vorderteil, 1x Rückenteil im Bruch, 2x Ärmel (davon 1x seitenverkehrt), 1x Lasche 5 cm breit, 4,5 cm lang, 1x Streifen 4 cm breit, 200 cm lang (Streifen muss zusammengesetzt werden, für Umrandung des Shirts), 2x Streifen 4 cm breit, 22 cm lang (Ärmel)

Strampelsack

❶ Die beiden Strampelsackteile aus Popeline rechts auf rechts legen, bis auf die obere Kante alle Nähte schließen und bügeln.

❷ Die beiden Futterteile aus Jerseystoff ebenso zusammennähen, dabei jedoch eine Wendeöffnung lassen.

❸ Für das Bündchen die kurzen Kanten rechts auf rechts legen, zu einem Ring zusammennähen und die Nahtzugaben auseinanderbügeln. Das Bündchen links auf links mittig falten, sodass beide offenen Kanten ringsum aufeinanderliegen.

❹ Das doppellagige Bündchen über den äußeren Strampelsack schieben, sodass alle offenen Kanten aufeinanderliegen, und ringsum feststecken. Dabei trifft die Bündchennaht auf eine Seitennaht des Strampelsacks. Den äußeren

Sack mit dem angesteckten Bündchen in den auf links gewendeten Jerseysack stecken und alle Stofflagen ringsum mit einem elastischen Zickzackstich zusammennähen. Das Bündchen dabei dehnen.

❺ Den Strampelsack wenden und die Wendeöffnung mit der Nähmaschine schließen.

Tipp

Vor dem Wenden den äußeren und inneren Sack an den seitlichen Nahtzugaben an einigen Stellen zusammennähen. So rutscht der Jerseysack später nicht heraus!

Jersey-Wickelshirt

❶ Die Lasche längs rechts auf rechts legen und an der langen Kante und an einer kurzen Kante zusammennähen, wenden. Die Lasche entsprechend der Markierung an die Seitenkante des linken Vorderteils legen. Dabei liegen alle offenen Kanten aufeinander. Feststecken.

❷ Das linke Vorderteil rechts auf rechts auf das Rückenteil legen und die Seitennaht schließen. Die Lasche dabei mitfassen. Die Seitennaht versäubern und bügeln. Das rechte Vorderteil ebenso an das Rückenteil nähen.

❸ Beim rechten Vorderteil den Vliesstreifen entsprechend der Markierung auf die linke Stoffseite bügeln. Beim linken Vorderteil den Einschlag mit Vlies aufbügeln, den Einschlag nach innen bügeln und die gerade Einschlagkante versäubern.

❹ Die langen Kanten eines Ärmels rechts auf rechts legen, zusammennähen und versäubern. Beim zweiten Ärmel wiederholen. Die Ärmel wenden und bügeln.

❺ Das Shirt liegt mit der rechten Stoffseite nach oben, die Ärmel rechts auf rechts auf das Shirt stecken, dabei die Markierung für die Schulternaht beachten. Die Ärmel auf der linken Stoffseite annähen, versäubern und die Nahtzugaben in das Shirt bügeln. Jeden Ärmelsaum mit einem Jerseystreifen einfassen. Dafür den Streifen mit der rechten Stoffseite auf der linken Stoffseite des Ärmels annähen (beginnend 1 cm vor der Ärmelnaht), die offenen Kanten liegen dabei aufeinander. Das Ende des Streifens vor dem Festnähen

so einschlagen, dass die entstandene Abschlusskante des Streifens auf die Ärmelnaht trifft. Dann den Streifen auf die rechte Stoffseite des Ärmels umschlagen und knappkantig absteppen.

❻ Zum Einfassen des Shirts mit dem langen Jerseystreifen am unteren Ende der Einschlagkante des linken Vorderteils beginnen. Genäht wird ringsherum entlang der Vorderkante und des Halsausschnitts bis zum Beginn der Einschlagkante des linken Vorderteils. Für saubere Abschlusskanten die Enden des Streifens vor dem Annähen einklappen.

❼ Anschließend die Druckknöpfe entsprechend der Markierung anbringen.

Tipp

Für ein Shirt in Größe 86 bitte folgende Zugaben einrechnen: bei den Seitennähten von Vorder- und Rückenteil sowie an den Seitennähten der Ärmel je 0,5 cm, am Saum 1 cm und an den Ärmelsäumen je 2 cm.

Sterntaler-**Wickeltuch**

Größe: 74–86

MATERIAL

Fleece in Hellblau –
150 cm breit, 150 cm lang (Oberstoff)

**Jerseystoff in Mintgrün
mit Kolibrimuster –**
150 cm breit, 150 cm lang (Futterstoff)

**Popeline in Pink-Weiß schräg
gestreift –**
145 cm breit, 40 cm lang
(für Schrägband)

farblich passendes Garn

So wird's gemacht

Zuschneiden:

Hinweis: Alle Teile ohne Nahtzugabe zuschneiden, nur beim Kapuzenfutter an der unteren Kante und beim Kapuzenumschlag an der oberen Kante je 1 cm Nahtzugabe hinzurechnen. Markierungen übernehmen.

aus Fleece: 1x Rückenteil im Bruch, 1x Vorderteil rechts, 1x Vorderteil links, 1x Kapuze außen im Bruch, 1x Kapuzenumschlag im Bruch
aus Jerseystoff: 1x Rückenteil im Bruch, 1x Vorderteil rechts (seitenverkehrt zuschneiden), 1x Vorderteil links (seitenverkehrt zuschneiden), 1x Kapuze innen im Bruch

❶ Zur Herstellung des Schrägbandes aus Popeline der Stofflänge nach 5 cm breite Schrägstreifen zuschneiden (die Schrägen gemäß dem Musterverlauf zuschneiden!) und aneinandernähen, dabei auf das gleichmäßige Fortlaufen des Musters achten. Insgesamt wird ein 6 m langer Schrägstreifen benötigt.

❷ Nun die einzelnen Nähte des Schrägstreifens auf der linken Seite auseinanderbügeln. Dann eine 6 m lange Kante 1 cm weit auf die linke Seite bügeln. Die zweite 6 m lange Kante 1,5 cm weit auf Stoß mit der anderen Kante nach innen bügeln.

❸ Jeweils ein Vorderteil aus Fleece und das entsprechende Vorderteil aus Jersey links auf links zusammenstecken.

❹ An den langen gerundeten Kanten (die beim Tuch später überlappenden Seiten) der zusammengesteckten Vorderteile das Schrägband mit der 1 cm breiten aufgeklappten Kante jeweils rechts auf rechts auf der Futterseite vom Halsausschnitt bis zur Spitze unten annähen. Das Schrägband am Nahtende abschneiden. Anschließend das Schrägband um die zusammengenähten Stoffkanten legen und dann auf der Oberstoffseite knappkantig am Falz absteppen. Das rechte Vorderteil ausgerichtet an der vorderen Mitte auf das linke legen und feststecken.

5 Die beiden Rückenteile links auf links aufeinanderlegen, der Futterstoff liegt oben.

6 Das innere Kapuzenteil aus Jersey mit der langen geraden Stoffkante rechts auf rechts bei 1 cm an den Kapuzenumschlag nähen. Die Nahtzugaben auseinanderbügeln (Achtung: Fleece nicht zu heiß bügeln! Stufe 1). Danach dieses Kapuzenteil rechts auf rechts auf das äußere Kapuzenteil aus Fleece legen und entlang der langen gebogenen Stoffkante zusammennähen. Wenden und die Naht bügeln.

7 Die fertige Kapuze auf die Rückenteile legen und feststecken. Das Futter liegt dabei rechts auf rechts.

8 Jetzt die beiden Vorderteile auf das Rückenteil stecken, das Futter liegt wieder rechts auf rechts. Die Kapuzenenden werden jeweils zwischen Vorderteil und Rückenteil gesteckt.

9 Ein weiteres Stück Schrägband, an der Kapuzenspitze beginnend, rechts auf rechts im 1 cm breiten Falz auf der Rückseite annähen. Dabei die ersten 25 cm des Bandes

lose hängen lassen. Dann das Band rundherum bis kurz vor die Kapuzenspitze annähen. Nun wieder 25 cm Band lose hängen lassen. Jetzt das Tuch wenden, sodass die Kapuze vorne liegt.

10 Das lose Streifenende eines Bandes wie bei den gerundeten Kanten an der Stoßkante zusammenlegen und knappkantig absteppen. Die Kante nach unten auf die Kapuze falten. Mit dem Schrägband über das lose Band hinwegnähen. Das Schrägband auf die Vorderseite falten und knappkantig annähen. Aus den beiden losen Schrägbandenden an der Kapuzenspitze eine Schleife binden und mit einigen Handstichen fixieren.

11 Vier Schrägbänder à 30 cm Länge zurechtschneiden. Jeweils die kurzen Kanten 0,5 cm nach innen einschlagen, dann die Bänder der Länge nach mittig links auf links falten, die langen Kanten jeweils zur Mitte hin einschlagen, bügeln und nähen. Zwei Bänder an die Schrägbandkante des oberen Vorderteils nähen. Zwei Bänder gegenüberliegend am unteren Vorderteil annähen.

12 Zum Schluss den Kapuzenumschlag nach oben klappen.

Gefütterte **Strampelhose**

Größe: 74

MATERIAL

Baumwollstoff in Bunt gemustert –
140 cm breit, 40 cm lang (Oberstoff)

Jerseystoff in Weiß –
160 cm breit, 40 cm lang (Futterstoff)

Strickbündchen glatt in Blau –
84 cm breit, 25 cm lang

farblich passendes Garn

So wird's gemacht

Zuschneiden:

Hinweis: Nur die Teile aus Baumwollstoff (Oberstoff) mit 1 cm Nahtzugabe zuschneiden. Das Jerseyfutter darf etwas kleiner sein und wird ohne Nahtzugabe zugeschnitten.

aus Baumwollstoff: 2x Strampelhose im Bruch
aus Jerseystoff: 2x Strampelhose im Bruch
aus Strickbündchen: 1x Bauchbündchen 42 cm breit, 22 cm lang, 2x Beinbündchen 22 cm breit, 20 cm lang

1 Die beiden Hosenteile aus Baumwollstoff rechts auf rechts legen, den Hosenschritt zusammennähen und bügeln. Danach die Seitennähte schließen und bügeln. Die Nahtzugabe in der Rundung im Schritt einige Male bis fast zur Naht einschneiden. Die Nähte ausbügeln und die Hose wenden.

2 Die beiden Hosenteile aus Jersey ebenso zusammennähen, hier aber die Nahtzugabe nicht einschneiden.

3 Für das Bauchbündchen die kurzen Kanten des Strickbündchens rechts auf rechts legen und zusammennähen. Die Nahtzugabe auseinanderbügeln. Das Bündchen wenden, längs falten und bügeln. Die offenen Kanten liegen aufeinander, die rechte Stoffseite liegt außen.

4 Nun das Bauchbündchen rechts auf rechts über die Baumwollstoffhose schieben, alle offenen Kanten liegen aufeinander, die Bündchennaht trifft genau auf eine Seitennaht der Hose, und feststecken. Das Bündchen ringsum an die Hose nähen, dabei das Bündchen dehnen. Die Futterhose jetzt rechts auf rechts so an das Bündchen nähen, dass es später zwischen Ober- und Futterstoff liegt.

5 Die Hosenbeine des Oberstoffs und des Futters aneinanderstecken. Dabei liegen die jeweiligen Stoffe links auf links. Je ein Beinbündchen über ein Hosenbein (Oberstoff und Futter) schieben, feststecken (die Naht des Hosenbeins und des Bündchens liegen bei der Schrittnaht aufeinander) und annähen. Beim Nähen dehnen. Die beiden Nähte versäubern. Zum Schluss die Hose auf rechts wenden.

FÜR DAS ERSTE JAHR

Weiche **Nickischühchen**

Größe: 16

MATERIAL

**Nickistoff in Dunkelblau-Beige
oder Grau-Weiß gestreift –**
160 cm breit (Ober- und Futterstoff),
15 cm lang

**Strickbündchen in Türkis
oder Blau –**
84 cm breit, 15 cm lang

Filz in Weiß –
2 mm dick, 25 cm breit, 15 cm lang

farblich passendes Garn

So wird's gemacht

Zuschneiden:

Hinweis: Alle Teile ohne Nahtzugabe zuschneiden, nur
beim Seitenteil je 1 cm an der Kante der rückwärtigen
Mitte hinzurechnen.

aus Nickistoff: 4x Seitenteil im Bruch, 4x Kappe
aus Filz: 2x Sohle
aus Strickbündchen: 2x Bündchen 22 cm breit, 15 cm lang

Tipp

Für Schuhgröße 18 alle Teile mit 1 cm Nahtzugabe zuschneiden, nur beim Seitenteil jeweils 2 cm an der Kante
der rückwärtigen Mitte hinzurechnen.

❶ Die kurzen Kanten der Seitenteile aus Nickistoff jeweils
rechts auf rechts legen, die Naht schließen und bügeln.

❷ Jeweils eine Kappe rechts auf rechts vorn an die Seitenteile nähen.

❸ Die beiden Bündchen jeweils rechts auf rechts an den
langen Kanten zusammennähen, die Nahtzugabe auseinanderbügeln. Die Bündchen links auf links doppelt falten und
rechts auf rechts an die Schühchen stecken. Alle offenen
Kanten liegen dabei aufeinander, die Bündchennaht am
hinteren Teil des Schuhs. Alle Stofflagen ringsum zusammennähen, das Bündchen dabei dehnen. Anschließend
die Kanten versäubern.

❹ Die unteren offenen Stoffkanten von Innen- und Außen-
schuh vor dem Annähen der Sohlen links auf links zusammenstecken und versäubern. Dann die Schuhe wenden
und die Sohlen rechts auf rechts ringsum annähen.
Die Schuhe zum Schluss erneut wenden.

Fleeceoverall mit Öhrchen

Größe: 68

MATERIAL

Fleece in Braun –
150 cm breit, 65 cm lang (Oberstoff)

**Jerseystoff in Blau-Schwarz
gestreift –**
150 cm breit, 65 cm lang (Futterstoff)

Reißverschluss in Gelb –
35 cm lang

dünner Filzrest in Gelb –
10 x 10 cm (Innenohren)

farblich passendes Garn

So wird's gemacht

Zuschneiden:

Hinweis: Alle Teile plus 1 cm Nahtzugabe zuschneiden. Die Ohren mit 5 mm Nahtzugabe zuschneiden. Bei den Vorderteilen aus Oberstoff und Futterstoff sowie an den beiden vorderen Besatzteilen jeweils 2 cm Nahtzugabe an der Reißverschlusskante hinzurechnen. Markierungen übernehmen.

aus Fleece: 2x Vorderteil, 2x Rückenteil, 2x Kapuzenseite, 1x Kapuzenmitte, 2x Ohr, 2x Ärmel

aus Jerseystoff: 2x Vorderteil Futter, 2x Rückenteil, 2x Kapuzenseite (davon 1x seitenverkehrt), 2x Ärmel (davon 1x seitenverkehrt), 1x Kapuzenmitte, 2x vorderer Besatz (davon 1x seitenverkehrt), 2x Fußbündchen 18 cm breit, 15 cm lang, 2x Ärmelbündchen 15 cm breit, 12 cm lang

aus Filz: 2x Ohr

1 Die beiden Rückenteile aus Fleece rechts auf rechts zusammennähen und die Nahtzugaben füßchenbreit absteppen. Bei den beiden Futter-Rückenteilen genauso vorgehen.

2 An die Fleece-Vorderteile jeweils den Besatz rechts auf rechts annähen. Die Naht jeweils füßchenbreit auf dem Jersey absteppen. Die Nahtzugabe für den Reißverschluss nach innen auf die linke Seite bügeln. Dann die beiden Vorderteile aus Fleece rechts auf rechts legen und die mittlere Naht ab dem Schritt 3 cm weit nach oben schließen.

3 Bei den Futter-Vorderteilen wiederholen. Beim Fleece-Vorderteil den Reißverschluss rechts auf rechts, beginnend bei der Schrittnaht bis zum Halsausschnitt, an die gebügelte Kante stecken. Die Zähnchen zeigen dabei zum Jerseybesatz. Achtung: Den Reißverschluss hier nur durch eine Stofflage nähen.

4 Jeweils die Seitennähte beim Fleece-Overall und beim Futter-Overall rechts auf rechts schließen.

5 Die Ärmel aus Fleece und Futterstoff jeweils rechts auf rechts zusammennähen und die Nähte bügeln. Die Ärmel aus Fleece an die Armausschnitte aus Fleece nähen und füßchenbreit absteppen. Ebenso die Futterärmel am Futter anbringen.

Hier geht's zum Video:

www.stoffe.de/reissverschluss-naehen

Futterstoff links auf links ineinanderstecken und jeweils Arm- bzw. Beinbündchen so durch die Wendeöffnung ziehen, dass die Bündchen rechts auf rechts an das Futter genäht werden können. Die Wendeöffnung schließen.

9 Jeweils ein Filz- und ein Fleece-Ohr rechts auf rechts zusammennähen, dabei bleibt die untere Kante offen. Die Ohren wenden, die Kanten bügeln und die Ohren ein wenig formen, d.h. die untere Kante etwas falten und jeweils rechts auf rechts in den Schlitz des Kapuzenseitenteils schieben, die Nahtzugabe der Kapuzenseite dabei frei lassen. Den Schlitz bei 3 bis 4 mm schließen, das Ohr mitfassen, dabei die Naht am Ende des Schlitzes wie einen Abnäher ins Seitenteil der Kapuze auslaufen lassen.

10 Die Seitenteile der Fleece-Kapuze jeweils rechts auf rechts an das Mittelteil nähen. Die Nahtzugabe ins Mittelteil bügeln und füßchenbreit absteppen. Bei der Futter-Kapuze wiederholen. Die Fleece- und die Futter-Kapuze rechts auf rechts zusammennähen, der Halsausschnitt bleibt dabei offen. Die Kapuze so verstürzen, dass der Jersey entlang der Kapuzenöffnung 1 cm aus der Fleece-Kapuze hervorsteht.

6 Dann jeweils die Schrittnähte von Fleece- und Futter-Overall rechts auf rechts von einem Fußende zum anderen schließen. Die Nähte der vorderen und rückwärtigen Mitte des Overalls müssen dabei aufeinanderliegen. Achtung: Beim Futter-Overall in der Schrittnaht eine Wendeöffnung lassen.

7 Das Futter-Vorderteil rechts auf rechts an den Reißverschluss vom Fleece-Vorderteil stecken und annähen. Dann das Futter nach innen wenden und das an den Reißverschluss genähte Futter weg vom Reißverschluss in Richtung Futter-Vorderteile bügeln. Die Kanten des Vorderteils aus Fleece und des Jerseybesatzes knappkantig an die Reißverschlusszähnchen vom Vorderteil stecken und füßchenbreit durch alle Lagen absteppen.

8 Die Bein- und Armbündchen der Länge nach doppelt legen, bügeln, auseinanderfalten, die seitlichen Nähte schließen und wieder doppelt legen. Bein- und Armbündchen jeweils rechts auf rechts an den Fleece-Overall nähen, dabei die Bündchen dehnen. Den Overall aus Fleece und

11 Dann nur die Fleece-Kapuze rechts auf rechts an den Overall stecken und durch beide Lagen des Overalls an den Overall nähen. Den Reißverschluss dabei mitfassen. Nun beim Jerseyfutter der Kapuze die Nahtzugabe 1 cm umschlagen und das Futter rechts auf rechts an den Halsausschnitt nähen. Den Overall wenden.

12 Anschließend die Kapuzenöffnung und den Reißverschluss füßchenbreit von außen absteppen.

Tipp

Für ein kleines Mäuschen können Sie den Overall auch in Grau oder Schwarz anfertigen und runde Ohren zuschneiden.

Halbschühchen
aus Filz und Stoff

Größen: 17 (Filzschuhe) 16 (Stoffschuhe)

MATERIAL

FILZSCHUHE

Filz in Grau –
3 mm dick, 90 cm breit, 8 cm lang

Schrägband in Lila-Weiß gestreift –
2 cm breit, 65 cm lang

farblich passendes Garn

STOFFSCHUHE

Baumwollstoff in Hellblau
mit Herzmotiv –
140 cm breit, 10 cm lang (Oberstoff)

Jerseystoff in Grau –
150 cm breit, 10 cm lang
(Futterstoff und Sohle)

Schrägband in
Hellblau-Weiß gestreift –
2 cm breit, 60 cm lang

farblich passendes Garn

So wird's gemacht

Zuschneiden Filzschuhe:

Hinweis: Alle Teile ohne Nahtzugabe zuschneiden.
Markierungen übernehmen. **Den zweiten Schuh
seitenverkehrt arbeiten.**

aus Filz: 2x Oberseite (davon 1x seitenverkehrt),
2x Sohle

Zuschneiden Stoffschuhe:

Hinweis: Alle Teile plus 1 cm Nahtzugabe zuschneiden
(außer Oberkante der Fersenteile). Markierungen übernehmen.

aus Baumwollstoff: 2x Vorderfußteil, 2x Fersenteil
aus Jerseystoff: 2x Vorderfußteil, 2x Fersenteil, 2x Sohle

Hier geht's zum Video:

www.stoffe.de/baby-schuhe-naehen

Filzschuhe

1 Zum Einfassen der oberen Kanten das Schrägband auf der linken Filzseite der Schuh-Oberseiten annähen, dabei am Anfang und am Ende je 1 cm Band überstehen lassen. Anschließend das Schrägband auf der rechten Seite knappkantig aufnähen, dabei die überstehenden Bandenden nach innen einschlagen, sodass ein sauberer Kantenabschluss entsteht.

2 Dann die kurzen Kanten der Schuh-Oberseiten jeweils entsprechend der Markierung übereinanderlegen, sodass sie sich ca. 3 bis 4 cm überlappen. Mit zwei bis drei Handstichen fixieren.

3 Anschließend die Oberseite jeweils ringsum auf die Sohle stecken, sodass die offenen Kanten nach außen zeigen, und von Hand mit dem Schlingstich (siehe Hinweis) rundherum festnähen.

Hinweis:

Der Schlingstich, auch Langetten- oder Festonstich genannt, wird oft zum Einfassen von Kanten verwendet. Dieser Stich wird von unten nach oben und von links nach rechts gearbeitet. Faden einfädeln und verknoten. Die Nadel einige Millimeter von der Stoffkante entfernt von der Unterseite her durch den Stoff stechen, ohne sie herauszuziehen. Der Faden wird nun unter der Nadel entlanggeführt und die Nadel anschließend durchgezogen. Der Faden hat eine Schlaufe gebildet, die sich beim Durchziehen der Nadel auf der Stoffkante

zuzieht. Für den nächsten Stich die Nadel wieder von der Unterseite des Stoffes einstechen, und zwar mit einigen Millimetern Abstand zum vorigen Stich. Den Faden wieder unter der Nadel entlangführen und die Nadel anschließend durchziehen.

Stoffschuhe

1 Jeweils ein Fersenteil aus Baumwollstoff und ein Fersenteil aus Jersey links auf links legen und die Oberkanten mit Schrägband einfassen.

2 Jeweils ein Vorderfußteil aus Baumwollstoff und ein Vorderfußteil aus Jersey rechts auf rechts legen, entlang der Oberkante zusammennähen, wenden, bügeln und entlang der Oberkante knappkantig absteppen.

3 Die offenen Kanten der Fersenteile, der Vorderfußteile und der Sohlen versäubern.

4 Die Vorderfußteile rechts auf rechts auf die Sohlen stecken und mit einigen Stichen fixieren. Nun die Fersenteile ebenfalls rechts auf rechts an die Sohlen stecken, sodass sich die Vorderfuß- und Fersenteile jeweils ca. 5 cm überlappen. Die Fersenteile liegen dabei außen. Dann durch alle Stofflagen ringsum an der Sohle feststeppen. Die Schuhe wenden.

Hier geht's zum Video:

www.stoffe.de/buendchen-naehen

Hörnchenmütze

Kopfumfang: 42 cm

MATERIAL

Sweatshirtstoff in Bunt gemustert –
150 cm breit, 30 cm lang (Oberstoff)

Jerseystoff in Creme –
160 cm breit, 30 cm lang (Futterstoff)

Strickbündchen in Grau –
70 cm breit, 10 cm lang

2 farbige Pompons –
ø ca. 1,5 cm

farblich passendes Garn

So wird's gemacht

Zuschneiden:

Hinweis: Alle Teile plus Nahtzugabe wie angegeben zuschneiden. Beim Strickbündchen ist die Nahtzugabe bereits enthalten.

aus Sweatshirtstoff: 2x Mütze außen im Bruch
(plus 1 cm Nahzugabe)
aus Jerseystoff: 2x Mütze innen im Bruch
(plus 5 mm Nahzugabe)
aus Strickbündchen: Bündchen 50 cm breit, 10 cm lang

❶ Jeweils beide Teile aus dem Oberstoff und dem Futterstoff rechts auf rechts legen und alle seitlichen und oberen Nähte schließen, dabei beim Futter eine Wendeöffnung lassen. Die Nähte bügeln. Beim Oberstoff an den Spitzen die Nahtzugabe fast bis zur Naht zurückschneiden, damit sich die Hörnchen besser ausformen lassen.

❷ Die kurzen Kanten des Strickbündchens rechts auf rechts legen und zusammennähen. Die Nahtzugaben auseinanderbügeln. Das Bündchen wenden, längs falten und bügeln. Die offenen Kanten liegen aufeinander, die rechte Stoffseite liegt außen.

❸ Nun das Bündchen rechts auf rechts ringsum an den Oberstoff nähen, das Bündchen dabei dehnen. Danach das Bündchen rechts auf rechts an das Futter nähen. Das Bündchen dabei wieder dehnen.

❹ Die Mütze durch die Wendeöffnung wenden und die Öffnung mit der Nähmaschine oder von Hand schließen. Zum Schluss an jede Spitze mit Handstichen einen Pompon nähen.

Tipp

Um zu verhindern, dass das Futter herausrutscht, können Sie den Sweatshirtstoff und den Futterstoff auf der Innenseite an einigen Nahtstellen mit ein paar Handstichen verbinden.

Gefüttertes **Kimonoshirt**

Größe: 68

So wird's gemacht

Zuschneiden:

Hinweis: Alle Teile ohne Nahtzugabe zuschneiden. Markierungen übernehmen.

aus Sweatshirtstoff: 1x rechtes Vorderteil, 1x linkes Vorderteil, 1x Rückenteil im Bruch, 2x Ärmel (davon 1 x seitenverkehrt)

aus Strickbündchen: 1x rechtes Vorderteil, 1x linkes Vorderteil, 1x Rückenteil im Bruch, 2x Ärmel (davon 1x seitenverkehrt)

❶ Die Vorderteile aus Sweatshirtstoff rechts auf rechts an das Rückenteil nähen. Die Nähte ausbügeln.

❷ Für die Ärmelausschnitte jeweils 35 cm vom Schrägband aufklappen, bügeln, der Länge nach doppelt legen und wieder bügeln, sodass eine Falzkante entsteht, dann wieder aufklappen. Das Schrägband rechts auf rechts entlang der Ärmelausschnitte des Oberstoffs legen, die offenen Kanten liegen aufeinander, dann ganz nahe am Falz annähen und zuklappen.

❸ Die Ärmelnähte rechts auf rechts schließen, die Nähte ausbügeln. Dann die Ärmel rechts auf rechts an Vorder- und Rückenteil nähen, das Schrägband dabei mitfassen. Die Nahtzugaben in die Ärmel bügeln und knappkantig absteppen.

❹ Die Seiten- und Ärmelnähte der Teile aus Futterstoff rechts auf rechts schließen, die Nähte ausbügeln. Die Futterärmel rechts auf rechts annähen, die Nahtzugaben zu den Ärmeln hin bügeln und knappkantig absteppen.

❺ Das Shirt aus Oberstoff rechts auf rechts in das Futtershirt stecken. Bei den Öffnungen der Ärmel jeweils ringsum Ober- und Futterstoff zusammennähen und verstürzen, danach ringsum füßchenbreit absteppen.

❻ Das übrige Schrägband zum Einfassen auf der Futterseite des Shirts rechts auf rechts entlang der offenen Stoffkanten annähen. Nun das Shirt wenden und das Schrägband auf der Oberstoffseite knappkantig annähen.

❼ Anschließend drei Knopflöcher entsprechend der Markierungen nähen und die Knöpfe anbringen.

Tipp

Wenn Sie an den Seitennähten, an den Schultern und den Seitennähten der Ärmel jeweils 1 cm Nahtzugabe einrechnen und an den Ärmellängen und an der Saumlänge jeweils 2 cm, ergibt sich beim Shirt die Konfektionsgröße 74.

Statt normaler Knöpfe können Sie bei diesem Modell auch Druckknöpfe verwenden. Hier geht's zum Video:

www.stoffe.de/druckknoepfe-naehen

Robustes **Wende-Lätzchen**

Einheitsgröße: ab 12 Monate

MATERIAL

Popeline in Blau-Weiß schräg gestreift –
139 cm breit, 40 cm lang (Vorderseite)

Popeline in Rosa mit Bärenmuster –
140 cm breit, 40 cm lang (Rückseite)

Volumenvlies in Weiß –
150 cm breit, 40 cm lang

Schrägband in Pink –
doppelt gefalzt, 2 cm breit,
250 cm lang

Klettband (Haken- und Flauschband) in Weiß –
2 cm breit, 2 cm lang

farblich passendes Garn

So wird's gemacht

Zuschneiden:

Hinweis: Alle Teile ohne Nahtzugabe zuschneiden, beim Bärenstoff die Musterrichtung beachten: Den Stoff an der Schulter teilen und für die Schulternaht je 1 cm Nahtzugabe hinzurechnen (gilt nicht für gestreiften Stoff und Vlies). Markierungen übernehmen.

aus Popeline in Blau-Weiß gestreift: 1x Lätzchen im Bruch
aus Popeline mit Bärenmuster: 1x Lätzchen im Bruch
aus Volumenvlies: 1x Lätzchen im Bruch

❶ Die jeweils drei Teile aus Popeline mit Bären- bzw. Streifenmuster rechts auf rechts zusammennähen, die Nahtzugaben auseinanderbügeln.

❷ Das Vliesteil zwischen die beiden Lätzchenteile aus Popeline legen und die Lagen zusammenstecken. Die rechte Stoffseite zeigt jeweils nach außen.

❸ Mit Geradstich dem Streifenmuster entsprechend parallel verlaufende Steppnähte auf das Lätzchen nähen.

❹ Vom Schrägband vier Stücke zu je 20 cm Länge für die Bindebänder abschneiden. Die Bänder jeweils der Länge nach mittig zusammenfalten, dabei an einem Ende 1 cm einschlagen. Dann die offene lange Seite zusammennähen. Die Bänder an der Vorder- und Rückseite des Lätzchens festnähen. Dabei liegen die Bänder auf dem Lätzchen und die offenen Kanten von Bändern und Lätzchen aufeinander.

❺ Zum Einfassen des Lätzchens das übrige Schrägband aufklappen und, beginnend an der rückwärtigen geraden Stoffkante, zunächst auf der Seite mit Bärenmuster ringsum annähen. Das Lätzchen umdrehen, den Schrägbandfalz zur blau-weiß gestreiften Seite klappen und ringsum knappkantig aufnähen.

❻ Die Bindebänder nach außen klappen und fixieren. Haken- und Flauschband entsprechend der Markierungen auf der Ober- und Unterseite annähen.

FÜR EIN- BIS DREIJÄHRIGE

Hier geht's zum Video:

www.stoffe.de/schraegband-naehen

Kuschelige **Babystiefel**

Größe: 25

MATERIAL

**Wildlederimitat mit Plüsch
in Sandfarben –**
148 cm breit, 30 cm lang

2 Holzknöpfe in Wollweiß –
ø 1,7 cm

**ggf. farbige Pompons
als Verzierung (siehe Tipp)**

farblich passendes Garn

So wird's gemacht

Zuschneiden:

Hinweis: Alle Teile ohne Nahtzugabe zuschneiden.
Markierungen übernehmen. **Den zweiten Schuh
seitenverkehrt arbeiten.**

aus Wildlederimitat: 2x Rist im Bruch (davon 1x seitenverkehrt), 2x vorderer Schaft im Bruch (davon 1x seitenverkehrt), 2x rückwärtiger Schaft (davon 1x seitenverkehrt),
2x Sohle, 2x Riegel (davon 1x seitenverkehrt)

❶ Jeweils das Ristteil und den vorderen Schaft links
auf links zusammennähen.

❷ Den hinteren Schaft links auf links an das vordere
Stiefelteil nähen (innere Seitennaht). Dabei das vordere
Schaftteil (ohne Rist) bei der Innen- und Außennaht
einreihen.

❸ Die äußere Seitennaht von unten bis zur Markierung
schließen, damit eine Öffnung für den Einstieg bleibt,
dabei wieder das vordere Schaftteil einreihen.

❹ Den Riegel entsprechend der Markierung links auf
rechts auf den vorderen Schaft nähen. Schließlich die
Holzknöpfe jeweils auf dem rückwärtigen Schaft annähen,
auf der Riegel-Oberseite entsprechend ein Knopfloch mit
Kreide anzeichnen und dieses vorsichtig einschneiden.

Tipps

Mit Pompons, die vorne auf die Stiefelchen genäht werden,
sind die Kuschelboots ein echter Hingucker!

Dieses Modell lässt sich auch gut von Hand nähen.
Das kann die Näharbeit vor allem bei kleinen Größen sogar
erleichtern. Probieren Sie es aus!

FÜR EIN- BIS DREIJÄHRIGE

Hier geht's zum Video:

www.stoffe.de/stirnband-naehen

Haarband mit Schleife

Kopfumfang: 44 cm, 4 cm breit

MATERIAL

HAARBAND MIT GEKNOTETER SCHLEIFE IN CREME

Jerseystoff in Creme-Schwarz gemustert –
2x 85 cm breit, 8 cm lang
(Außen- und Innenseite)

farblich passendes Garn

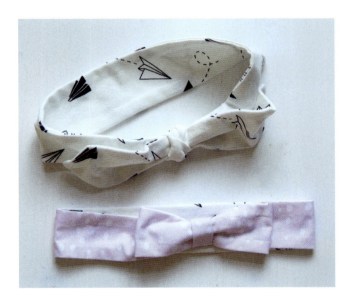

So wird's gemacht

Hinweis: Sie können das Haarband leicht an den Kopfumfang Ihres Kindes anpassen. Schneiden Sie einfach die Stoffstreifen entsprechend kürzer oder länger zu. Die Laschen für die Schleife bleiben gleich lang.

Zuschneiden:

Hinweis: Alle Teile plus 1 cm Nahtzugabe zuschneiden.

aus Jerseystoff: 2x Haarband im Bruch, 1x Steg 4 cm breit, 10 cm lang

❶ Die beiden Haarbandstreifen rechts auf rechts legen und ringsum zusammennähen, dabei an einer langen Seite eine Wendeöffnung lassen. Das Haarband wenden, die Öffnung schließen und die Nähte bügeln.

❷ Anschließend das Haarband mittig quer falten und 11 cm von den beiden Enden entfernt mehrmals quer über das doppelt liegende Band steppen. Die entstandenen Laschen nach links und rechts auf den Stoffring klappen.

❸ Für den Steg das kleine Stoffrechteck an der langen Seite rechts auf rechts zusammennähen und so zurechtziehen, dass die Naht mittig liegt. Bügeln, wenden und nochmals bügeln.

❹ Dann den Steg von hinten nach vorne einmal verdreht um die Schleife wickeln und fest zusammenziehen. Das obere Ende ca. 1 cm einschlagen und innen mit Handstichen zusammennähen, dabei am Haarband fixieren.

Variante

Verwenden Sie für das Haarband mit der gelegten Schleife zwei Streifen mit geraden, nicht spitz zugeschnittenen Enden (siehe Schnittmuster) und klappen Sie die abgenähten Laschen jeweils nach unten zur Verbindungsnaht hin ein. Festnähen, dann den Steg über diese Naht legen und fixieren. Sie können das Haarband auch (wie abgebildet) aus zwei unterschiedlichen Stoffen für die Außen- und Innenseite zuschneiden.

FÜR EIN- BIS DREIJÄHRIGE

Dreiviertelhose
mit aufgesetzten Taschen

Größe: 92

MATERIAL

Sweatshirtstoff in Grau –
150 cm breit, 45 cm lang

**Popeline in Dunkelblau
mit Wolkenmuster –**
140 cm breit, 14 cm lang

Strickbündchen in Gelb –
70 cm breit, 35 cm lang

farblich passendes Garn

So wird's gemacht

Zuschneiden:

Hinweis: Alle Teile aus Sweatshirtstoff und Popeline plus 1 cm Nahtzugabe, den Hosenbund ohne Nahtzugabe zuschneiden. Markierungen übernehmen.

aus Sweatshirtstoff: 2x Hose, davon 1x seitenverkehrt

aus Popeline: 4x Tasche, 2x Schlaufe 9 cm breit, 6,5 cm lang, 2x Bindebänder 45 cm breit, 3 cm lang inkl. Nahtzugabe

aus Strickbündchen: 1x Hosenbund im Bruch, 2x Beinbündchen 27 cm breit, 10 cm lang, 2x Taschenbündchen 11 cm breit, 6 cm lang

❶ Bei beiden Hosenteilen senkrecht die Linie, an der üblicherweise die Seitennaht verläuft, durch Bügeln oder Anzeichnen markieren, um später die Position der Taschen und Schlaufen festzulegen.

Hier geht's zum Video:

www.stoffe.de/knopfloch-naehen

② Die Taschenbündchen der Länge nach falten, bügeln, an den Seiten jeweils 1 cm abnähen und wenden. Dann ein Bündchen rechts auf rechts an ein Taschenteil nähen – dabei das Bündchen dehnen und die Nahtzugaben der Tasche freilassen. Danach das zweite Taschenteil gegengleich ans Bündchen nähen. Die Taschenteile rechts auf rechts zusammennähen, dabei eine Wendeöffnung lassen. Die zweite Tasche genauso arbeiten.

③ Nun die Taschen wenden und die Nähte bügeln. Anschließend die Taschen jeweils mittig auf die markierte Seitennaht legen und knappkantig aufnähen.

④ Bei den Stoffrechtecken für die Schlaufen die langen Kanten jeweils zur Mitte hin einschlagen, nochmals der Länge nach falten und entlang der langen Kanten knappkantig nähen. Die Schlaufen circa 3 cm unterhalb der Taschen wie abgebildet mittig aufnähen, dabei die kurzen Seiten jeweils um 1 cm einschlagen und die Nähte fest verriegeln.

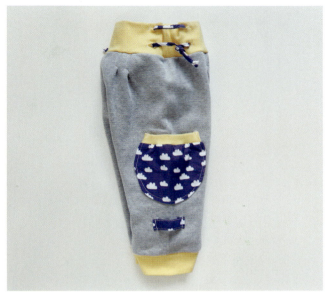

⑤ In die Vorder- und Rückseite der Hosenteile jeweils zwei Fältchen laut Markierung bügeln und auf der linken Stoffseite 4 cm nach unten nähen, dann auf der rechten Stoffseite jeweils füßchenbreit zur Seitennaht hin absteppen.

⑥ Bei beiden Hosenteilen die Schrittnaht schließen, versäubern, bügeln und füßchenbreit absteppen. Auch die innere Beinnaht schließen, versäubern und die Nahtzugabe in die Hosenrückseite bügeln.

⑦ Die Beinbündchen jeweils rechts auf rechts an den kurzen Seiten zusammennähen, die Nahtzugaben auseinanderbügeln. Die Bündchen doppelt falten und rechts auf rechts an die Hosenbeine stecken. Alle offenen Kanten liegen aufeinander, die Bündchennaht an der Beininnenseite. Alle Stofflagen zusammennähen, das Bündchen dabei dehnen und anschließend versäubern.

⑧ Jeweils die seitliche Mitte vom Bauchbündchen durch Bügeln markieren, die Knopflöcher anzeichnen und durch beide Lagen nähen.

⑨ Das Bauchbündchen auf die gleiche Weise wie die Beinbündchen an die Hose nähen. Die Bündchennaht liegt dabei auf der rückwärtigen Hosenmitte.

⑩ Die Bindebänder der Länge nach rechts auf rechts zusammennähen, wenden und durch die Knopflöcher des Bauchbündchens ziehen. Die Enden verknoten.

FÜR EIN- BIS DREIJÄHRIGE

Kurze Sommerhose mit Taschen

Größe: 86

MATERIAL

Jerseystoff in Hellgrau mit Dinosauriermuster –
150 cm breit, 35 cm lang

Sweatshirtstoff in Lindgrün –
150 cm breit, 20 cm lang

Strickbündchen in Gelb –
70 cm breit, 25 cm lang

Gummiband –
3 cm breit, 55 cm lang

farblich passendes Garn

So wird's gemacht

Zuschneiden:

Hinweis: Alle Teile plus 1 cm Nahtzugabe zuschneiden. Markierungen übernehmen.

aus Jerseystoff: 1x vorderes Hosenteil im Bruch,
2x hinteres Hosenteil (davon 1x seitenverkehrt),
2x Taschenbeleg (davon 1x seitenverkehrt),
Bindeband: 3 cm breit, 70 cm lang
aus Sweatshirtstoff: 2x Taschensack (davon 1x seitenverkehrt)
aus Strickbündchen: 1x Bauchbündchen 56 cm breit, 10 cm lang, 2x Beinbündchen 26 cm breit, 10 cm lang

Tipp

Den Jerseystreifen für das Bindeband kräftig in die Länge ziehen. So rollt sich der Streifen von selbst zu einer Kordel und kann auch ohne Nähen als Bindeband verwendet werden.

❶ Für die vorderen Taschen jeweils die Taschenbelege rechts auf rechts auf die Taschenrundungen des vorderen Hosenteils legen, an der geschwungenen Kante entlangnähen, den Taschenbeleg auf die linke Hosenseite umschlagen, die Kante bügeln und von rechts füßchenbreit absteppen. Dann jeweils den Taschensack rechts auf rechts ebenfalls entlang der langen geschwungenen Kante an den Taschenbeleg nähen und die Nahtzugabe versäubern.

❷ Die hinteren Hosenteile rechts auf rechts zusammennähen, die Nahtzugabe versäubern und von rechts füßchenbreit absteppen. Dann die seitlichen Kanten und die Kanten entlang des Schritts versäubern.

❸ Beim vorderen Hosenteil ebenfalls die seitlichen Kanten und die entlang des Schritts versäubern.

❹ Vorderes und hinteres Hosenteil rechts auf rechts legen, Seitennähte und Schrittnaht schließen und die Nahtzugaben auseinanderbügeln.

❺ Die Beinbündchen jeweils rechts auf rechts an den kurzen Seiten zusammennähen, die Nahtzugaben auseinanderbügeln. Die Bündchen doppelt falten und rechts auf rechts an die Hosenbeine stecken. Alle offenen Kanten liegen aufeinander, die Bündchennaht an der Beininnenseite. Alle Stofflagen zusammennähen, das Bündchen dabei dehnen. Die Nahtzugabe anschließend versäubern.

❻ Das Bauchbündchen an den kurzen Seiten rechts auf rechts zusammennähen, die Nahtzugaben auseinanderbügeln, das Bündchen doppelt falten. Dann jeweils 2 cm links und rechts von der vorderen Mitte (gegenüber der Bündchennaht) ein senkrechtes Knopfloch für das Bindeband in die obere Lage des Bündchens nähen. Das Gummiband zu einem Ring zusammennähen und zwischen die Lagen des Bündchens schieben (6.1). Dann das Bauchbündchen auf die gleiche Weise an die Hose nähen wie die Beinbündchen. Die Bündchennaht liegt dabei auf der rückwärtigen Hosenmitte. Die Nahtzugabe in die Hose bügeln und füßchenbreit absteppen (6.2).

FÜR EIN- BIS DREIJÄHRIGE

6.1

6.2

❼ Den Jerseystreifen für das Bindeband längs rechts auf rechts falten, die langen Seiten zusammennähen und wenden. Anschließend durch die Knopflöcher in den Bund einziehen und jedes Ende verknoten, damit das Band nicht in den Knopflöchern verschwinden kann.

Kapuzenweste

Größe: 92

MATERIAL

Sweatshirtstoff in Lindgrün –
150 cm breit, 45 cm lang (Oberstoff)

Sweatshirtstoff in Schwarz mit Sternmuster –
140 cm breit, 45 cm lang (Futterstoff)

Reißverschluss in Mintgrün mit breiteren Zähnchen (5 mm) –
35 cm lang

farblich passendes Garn

So wird's gemacht

Zuschneiden:

Hinweis: Alle Teile mit 1 cm Nahtzugabe zuschneiden, bei den Reißverschlusskanten der Vorderteile 2 cm Nahtzugabe. Markierungen übernehmen.

aus Sweatshirtstoff in Lindgrün: 2x Vorderteil (davon 1x seitenverkehrt), 1x Rückenteil im Bruch, 2x Kapuze (davon 1x seitenverkehrt), 2x Tasche, 1x Streifen (für Halsausschnitt/Bindeband) 70 cm breit, 5 cm lang

aus Sweatshirtstoff in Schwarz: 2x Vorderteil (davon 1x seitenverkehrt), 1x Rückenteil im Bruch, 2x Kapuze (davon 1x seitenverkehrt), 2x Streifen (zum Einfassen der Taschenrundung) 12 cm breit, 4 cm lang

❶ Bei beiden Taschenteilen die Rundung oben mit den Streifen aus schwarzem Stoff einfassen. Dafür jeweils den Streifen mit der rechten Stoffseite nach unten auf die linke Stoffseite der Tasche legen, die Kanten liegen aufeinander, und festnähen. Den Streifen doppelt legen, auf die rechte Taschenseite klappen und knappkantig feststeppen. Die geraden Kanten der Taschen inklusive der Enden des angenähten Einfassstreifens versäubern und 1 cm auf die linke Stoffseite bügeln. Danach die Taschen laut Markierung auf die Vorderteile aus grünem Stoff stecken, dann einmal knappkantig absteppen.

❷ Bei den Vorderteilen aus beiden Stoffen die Reißverschlusskante jeweils um 2 cm nach innen bügeln. Den Reißverschluss rechts auf rechts an die grünen Vorderteile nähen. Dabei 1,5 cm Abstand zur unteren Saumkante lassen. Bei beiden Stoffen jeweils die Schulternähte schließen und die Nahtzugaben auseinanderbügeln. Die Armausschnitte des grünen und des schwarzen Westenteils rechts auf rechts legen und jeweils ringsum zusammennähen. Die Nahtzugaben der Armrundungen rundherum alle 3 cm weit fast bis zur Naht einschneiden. Wenden und die Kanten bügeln.

❸ Erneut wenden und die Seitennähte jeweils schließen, die Nahtzugaben auseinanderbügeln. Den Saum beider Westen rechts auf rechts stecken, nähen, wenden und die Saumkante bügeln. Den Reißverschluss auf die linke Seite des schwarzen Futterstoffs stecken und annähen.

❹ Die Weste vorne am Halsausschnitt beginnend rundherum entlang des Reißverschlusses und des unteren Saums füßchenbreit absteppen.

❺ Aus beiden Stoffen jeweils eine Kapuze nähen, dafür die Mittelnaht schließen und die Naht füßchenbreit absteppen. Beide Kapuzen entlang der vorderen Kante rechts auf rechts zusammenstecken, nähen, wenden, die Naht bügeln und füßchenbreit absteppen.

FÜR EIN- BIS DREIJÄHRIGE

6 Die Kapuze mit der grünen Stoffseite rechts auf rechts an den Halsausschnitt des grünen Westenteils stecken (dabei wird der Futterstoff mit festgesteckt) und festnähen.

7 Den langen grünen Streifen an den langen Kanten je 1 cm zur Mitte hin einklappen und rechts auf rechts an den Halsausschnitt des schwarzen Westenteils nähen. An den beiden Reißverschlussenden jeweils 25 cm vom Streifen überstehen lassen. Nun jeden Streifen, beginnend an einem losen Ende, wieder an den langen Kanten je 1 cm zur Mitte hin einklappen und mittig der Länge nach zusammenlegen. Dann über den Halsausschnitt hinweg an der offenen Seite knappkantig bis zum anderen losen Ende nähen, dabei die Kapuzennahtzugabe mitfassen. Die Enden der Bindebänder jeweils verknoten.

Ausgestellter Rock
mit Applikationen

Größe: 92

MATERIAL

Popeline in Türkis-Weiß schräg gestreift –
139 cm breit, 100 cm lang

Filzreste in Hellgelb und Rosa –
1 mm dick

Bügelvlies –
beidseitig haftend, 25 cm breit,
25 cm lang

Gummiband in Weiß –
3 cm breit, 45 cm lang

Knopflochseide in Weiß

farblich passendes Garn

So wird's gemacht

Zuschneiden:

Hinweis: Den Rock plus 1 cm Nahtzugabe zuschneiden, an der Saumkante 2 cm hinzurechnen. Markierungen übernehmen.

aus Popeline: 1x Rock (= Teil A und B), 1x Bund 16 cm lang, Bundbreite = Rockweite (nach dem Nähen der Falten) + 2 cm Nahtzugabe
aus Filzresten: 4x Luftballon klein, 2x Luftballon groß
aus Bügelvlies: 4x Luftballon klein, 2x Luftballon groß
Gummiband: Länge = individuelle Taillenweite – 10 cm + 2 cm Nahtzugabe

❶ Die beiden kurzen Seiten des Rockteils versäubern. Dann rechts auf rechts legen und die Seitennaht schließen. Die Nahtzugaben auseinanderbügeln.

❷ Das Vlies auf die Filzreste bügeln, die Luftballon-Applikationen ausschneiden und auf den Rock bügeln.

❸ Die Luftballons zusätzlich mit Geradstich in passender Farbe festnähen.

❹ Die Luftballonleinen mit Knopflochseide als geschwungene Linien beginnend am Ballon bis zum Rocksaum nähen.

❺ Den Saum erst 1 cm nach innen einschlagen und bügeln, dann noch einmal 1 cm einschlagen, bügeln und annähen.

FÜR EIN- BIS DREIJÄHRIGE

Hier geht's zum Video:

www.stoffe.de/gummizug-naehen

6 Die Kellerfalten zusammenstecken und auf der rechten Stoffseite jeweils 3 cm vom Bund entfernt verriegeln und knappkantig an der Falte entlang absteppen. Entsprechend der Markierung die Falten zum Saum hin bügeln.

7 Den Bund auf Rockweite plus Nahtzugabe zuschneiden, die kurzen Seiten rechts auf rechts legen, die Naht schließen und die Nahtzugabe auseinanderbügeln. Den Rock auf links wenden und den Bund mit der rechten Stoffseite auf die linke Rockseite nähen. Alle offenen Stoffkanten liegen aufeinander. Die Nahtzugabe nach oben bügeln. Dann die offene Bundkante um 4 cm nach innen bügeln.

8 Das Gummiband mit je 1 cm weit überlappenden Enden zu einem Ring zusammennähen und auf der linken Stoffseite vom Bund fixieren, dazu das Band an der vorderen und hinteren Mitte sowie an den Seiten mit einigen Stichen festnähen.

9 Dann das Bundstück nach unten klappen – das Gummiband verschwindet im Bund – und auf die rechte Stoffseite des Rockteils nähen, dabei das Gummiband dehnen. Die Naht verläuft ca. 3 cm parallel zur unteren gefalteten Bundkante. Diese wird dabei festgenäht.

Tipp

Keine Knopflochseide zur Hand? Normales Garn – vielleicht sogar in einer kräftigen Farbe – tut's auch.

FÜR EIN- BIS DREIJÄHRIGE

Katzenkleid für kleine Damen

Größe: 92

MATERIAL

Chambray in Blau –
140 cm breit, 95 cm lang

Baumwollstoff in Weiß –
140 cm breit, 30 cm lang

Baumwollstoffreste in Rosa und Pink

Filzrest in Weiß –
3 mm dick

Bügelvliesreste –
beidseitig haftend

**nahtverdeckter Reißverschluss
in Weiß –**
16 cm lang

Stickgarn in Schwarz, Rosa und Pink

farblich passendes Garn

So wird's gemacht

Zuschneiden:

Hinweis: Alle Teile außer die Filzteile plus 1 cm Nahtzugabe zuschneiden, bei den Rückenteilen der Passe an der Reißverschlusskante je 2 cm Nahtzugabe, beim Vorder- und Rückenteil Kleid je 3 cm Saumzugabe ergänzen. Markierungen übernehmen.

aus Chambray: 1x Vorderteil im Bruch, 1x Rückenteil im Bruch, 4x Tasche (davon 2x seitenverkehrt), 4x Schulterstück (davon 2x seitenverkehrt), 2x Schrägstreifen 5 cm breit, 12 cm lang

aus Baumwollstoff in Weiß: 2x Vorderteil Passe im Bruch (1x als Oberstoff, 1x als Futter), 4x Rückenteil Passe (2x als Oberstoff, 2x als Futter)
aus Filz in Weiß: 2x Taschen-Ohr groß, 2x Ohr groß
aus Baumwollstoff in Rosa: 1x Nase, 2x Taschen-Ohr klein, 2x Ohr klein
aus Baumwollstoff in Pink: 2x Wange
aus Bügelvlies: 2x Taschen-Ohr klein, 2x Ohr klein

❶ Die Falten gemäß Markierung ins Vorder- und Rückenteil des Kleides bügeln. Die Falten zeigen nach rechts bzw. links. An den Faltkanten auf der rechten Seite von oben beginnend knappkantig die Falten 6 cm weit nach unten absteppen.

1+2

❷ Die Seitenkanten am Vorder- und Rückenteil des Kleides versäubern, dann die Seitennähte schließen und die Nahtzugaben auseinanderbügeln. Mit den Schrägstreifen aus Chambray die Ärmelausschnitte einfassen.

❸ Die Vliesohren auf die kleinen rosa Stoffohren bügeln. Die rosa Stoffohren auf die weißen Filzohren bügeln und mit Zickzackstich (oder von Hand mit Stickgarn) festnähen.

❹ Je zwei gegengleiche Taschenteile rechts auf rechts zusammennähen, dabei die Taschen-Ohren mit den aufgenähten rosa Innenohren mitfassen. Die Taschen wenden, bügeln und gemäß Markierung knappkantig auf das Kleid nähen. Die Ohrenspitzen nach unten klappen und mit ein paar Handstichen festnähen.

FÜR EIN- BIS DREIJÄHRIGE

5 Die Stoffteile für das Gesicht auf ein Passen-Vorderteil bügeln und mit Zickzackstich (oder von Hand mit Stickgarn) festnähen. Die Augen, Schurrhaare und das Schnäuzchen von Hand aufsticken. Die zusammengenähten Ohren rechts auf rechts an die obere Schulterkante der Passe nähen. Das Passen-Teil mit Gesicht und zwei Passen-Rückenteile (Oberstoff) rechts auf rechts legen und die Schulternähte schließen. Die Nahtzugaben ins Vorderteil bügeln. Nun den Reißverschluss in die rückwärtige Passe (Oberstoff) einnähen.

6 Dann die Futterteile der Passe an den Schultern rechts auf rechts zusammennähen, die Naht jeweils knappkantig absteppen.

7 Je zwei gegengleiche Schulterstücke rechts auf rechts an der langen, gebogenen Kante zusammennähen, wenden, die Naht bügeln und jeweils links und rechts an die Passe (zwischen Ober- und Futterstoff) nähen.

8 Für den Halsausschnitt Oberstoff und Futter der Passe jeweils auf der Vorder- und Rückseite des Kleides rechts auf rechts legen, zusammennähen, wenden und bügeln.

9 Die rückwärtigen Futterteile der Passe mit Handstichen an den Reißverschluss nähen.

10 Die gesamte Passe (Ober- und Futterstoff) rechts auf rechts an das Kleid nähen und die Kanten versäubern. Den Übergang vom Baumwollstoff zum Chambray am Armloch an dieser Stelle sehr genau nähen. Ggf. ein überstehendes blaues Stoffstück mit einigen Handstichen innen fixieren, damit es nicht hervorblitzt. Dann die Nahtzugabe der Passe nach unten bügeln und füßchenbreit absteppen.

11 Anschließend den Saum erst 1,5 cm nach innen einschlagen, bügeln, und noch einmal um 1,5 cm einschlagen, bügeln und annähen. Die Falten beim Saum auch noch einmal nachbügeln.

FÜR EIN- BIS DREIJÄHRIGE

Elefanten-**Sweatshirt**

Größe: 86

MATERIAL

Sweatshirtstoff in Grün mit Sternenmuster –
140 cm breit, 50 cm lang

Sweatshirtstoff in Hellgrau –
150 cm breit, 50 cm lang

Jerseystoff in Dunkelgrau –
160 cm breit, 20 cm lang

Bügelvliesreste –
beidseitig haftend

Filzreste in Schwarz, Weiß und Rosa –
1 mm dick

Garn in Schwarz –
(für Ohr)

farblich passendes Garn

❶ Bei Vorderteil, Rückenteil und beiden Ärmeln alle Stoffkanten versäubern.

❷ Das Kopfteil auf das Vorderteil laut Markierung stecken und ringsum feststeppen. Anschließend das Ohr gemäß Markierung feststecken und im Geradstich rundherum festnähen.

❸ Das zweiteilige Auge und den Mund erst mit dem Vlies gemäß Markierung auf den Kopf bügeln und dann ringsum knappkantig feststeppen. Anschließend drei unterschiedlich lange Striche in das Ohr als Falten nähen.

❹ Vorder- und Rückenteil rechts auf rechts legen und die Seitennähte schließen. Die Nahtzugaben auseinanderbügeln.

❺ Bei beiden Ärmeln die Seitennaht schießen, die Nahtzugaben auseinanderbügeln. Die Ärmel jeweils farblich passend rechts auf rechts an das Sweatshirt nähen.

❻ Die Kanten an Halsausschnitt, Saum und Ärmelsäumen vorsichtig nach innen bügeln (dabei den Stoff nicht dehnen!) und knappkantig absteppen.

So wird's gemacht

Zuschneiden:

Hinweis: Alle Teile mit 1 cm Nahtzugabe zuschneiden. Markierungen übernehmen.

aus Sweatshirtstoff in Grün:
1x Vorderteil, 1x Rückenteil im Bruch, 1x Ärmel rechts
aus Sweatshirtstoff in Hellgrau: 1x Ärmel links, 1x Kopf
aus Jerseystoff in Dunkelgrau: 1x Ohr
aus Bügelvlies: 1x Auge klein, 1x Auge groß, 1x Mund
aus Filz in Schwarz: 1x Auge groß
aus Filz in Weiß: 1x Auge klein
aus Filz in Rosa: 1x Mund

FÜR EIN- BIS DREIJÄHRIGE

Jeanshose mit Umschlag

Größe: 92

MATERIAL

Stretch-Jeansstoff in Schwarz –
130 cm breit, 65 cm lang

**Baumwollstoff in Schwarz
mit Kolibrimuster –**
140 cm breit, 20 cm lang

**Baumwollstoff in Blaugrau gestreift
mit Kolibrimuster –**
139 cm breit, 15 cm lang

leichtes Bügelvlies –
einseitig haftend, 65 cm breit,
10 cm lang

Reißverschluss in Schwarz –
nicht teilbar, 12 cm lang

Gummiband –
3 cm breit, 20 cm lang

Knopf –
ø 2 cm

farblich passendes Garn

So wird's gemacht

Hinweis: Die Taillenweite beträgt 53 cm. Mithilfe des Gummizugs können Sie die Weite anpassen. Den Jeansstoff vor der Verarbeitung vorwaschen und beachten, dass der Stoff evtl. eingeht. Bitte die entsprechenden Herstellerangaben zum Stoff beachten!

Zuschneiden:

Hinweis: Alle Teile mit 1 cm Nahtzugabe zuschneiden. Markierungen übernehmen.

aus Jeansstoff: 1x rechtes Vorderteil Hose, 1x linkes Vorderteil Hose, 2x hintere Hose (davon 1x seitenverkehrt), 2x Taschenbeutel (davon 1x seitenverkehrt), 2x Gesäßtasche, 1x Reißverschluss-Untertritt, 6x Streifen für Gürtelschlaufe 4 cm breit, 10 cm lang

aus Baumwollstoff in Schwarz: 2x Taschenbesatz (davon 1x seitenverkehrt), 1x Bund 64 cm breit, 8 cm lang

aus Baumwollstoff in Blaugrau: 2x Stulpe (davon 1x seitenverkehrt)

aus Bügelvlies: 1x Bund 64 cm breit, 8 cm lang

❶ Die beiden hinteren Hosenteile rechts auf rechts legen und die Mittelnaht schließen, versäubern und in eine Hosenseite bügeln, zweimal absteppen.

❷ Bei den beiden Gesäßtaschen die obere gerade Kante zweimal einschlagen, bügeln und dann zweimal absteppen. Danach die Nahtzugaben der übrigen Kanten auf die linke Seite bügeln und die Taschen gemäß Markierung auf die hinteren Hosenteile legen und zweimal feststeppen.

❸ Bei den vorderen Hosenteilen die Bundfalten auf der linken Stoffseite 4 cm weit abnähen und auf der rechten Stoffseite knappkantig vom Bund 4 cm weit nach unten absteppen.

❹ Den Besatz entlang der gerundeten Kante versäubern und an der gestrichelten Linie des linken Vorderteils nach innen auf die linke Stoffseite bügeln, sodass ein Bügelfalz entsteht. Anschließend die Vorderkante knappkantig steppen. Achtung: Die Schrittnaht entweder vorab an beiden

Vorderteilen einzeln versäubern, alternativ können nach dem Schließen der Schrittnaht beide Nahtzugaben zusammen versäubert werden (siehe Schritt 10).

5 Die Nahtzugabe der unteren Kante des Reißverschluss-Untertritts 1 cm nach innen bügeln. Dann der Länge nach mittig links auf links bügeln, anschließend die kurze Unterkante knappkantig von außen absteppen. Die langen Außenkanten des Untertritts zusammen versäubern.

6 Die beiden vorderen Hosenteile rechts auf rechts legen und die Mittelnaht unten beginnend 2 cm weit in die Nahtlinie Reißverschluss und Untertritt (siehe Quermarkierung) schließen. Die Naht knappkantig absteppen. Dann den Besatz mit der geraden Kante rechts auf rechts an das linke Vorderteil bis exakt zum Schrittnahtende nähen und anschließend nach innen bügeln. Die vordere Kante des linken Vorderteils knappkantig bis zur Quermarkierung absteppen.

7 Den Reißverschluss rechts auf rechts auf die rechte Seite der Hose legen und füßchenbreit festnähen. Die Kante bügeln, die Nahtzugaben liegen auf dem Jeansstoff. Den Reißverschluss geschlossen lassen, das linke Hosenteil locker darüberlegen. Der Reißverschluss sollte dabei komplett unter dem linken Hosenteil verschwinden und unsichtbar von außen sein. Achtung: Den Reißverschluss NUR am Besatz des linken Hosenteils feststecken und anschließend auch nur am Besatz annähen.

8 Den Reißverschluss öffnen. Den vorbereiteten Untertritt unter den Reißverschluss legen und an der rechten Hosenseite feststecken. Knappkantig an der rechten Seite auf der Jeans parallel zum Reißverschluss festnähen. Den Reißverschluss wieder schließen und von außen auf der linken Seite gemäß Markierung absteppen. Dabei unten eine Rundung gemäß Markierung steppen. Den Untertritt dabei auf keinen Fall mitfassen, da sonst die Hose nicht mehr geöffnet werden kann. Den Untertritt anschließend an der Unterkante des Besatzes mit ein paar Handstichen fixieren, sodass er sich nicht in die falsche Richtung drehen kann.

9 Für die vorderen Taschen jeweils die Taschenbeutel rechts auf rechts auf die Taschenkanten der Hosenvorderteile legen, annähen, wenden, die Kante bügeln und von rechts zweimal absteppen. Dann den Taschenbeleg rechts auf rechts an den Taschenbeutel nähen und versäubern.

10 Die Hosenvorder- und -rückseite rechts auf rechts aufeinanderlegen und die Schrittnaht schließen, ggf. zusammen versäubern, wenden und zweimal absteppen. Die Hose wieder wenden, die Seitenkanten der Jeans versäubern und die Seitennähte schließen. Zum Schluss die Nahtzugaben auseinanderbügeln.

11 Die Stulpen entlang der gestrichelten Linie im Bruch bügeln (für den Einschlag) und seitlich links auf rechts zusammennähen. Die Stulpen mit der rechten Stoffseite an die Innenseite (linke Seite) des Hosenbeinsaums nähen, Nahtzugaben versäubern. Dann die Oberkante der Stulpen zweimal um 1,5 cm nach innen klappen und diesen Einschlag festnähen. Die Stulpen nach oben klappen und mit der Hand an der Beininnen- und Außennaht punktuell festnähen.

12 Bei den Streifen für die Gürtelschlaufen jeweils eine lange Kante 1 cm auf die linke Seite bügeln, die zweite lange Kante versäubern und dann 1,5 cm auf die linke Seite bügeln. Beide langen Kanten von rechts knappkantig absteppen. Dann jeweils eine kurze Seite der Gürtelschlaufe an den Hosenbund auf die rechte Stoffseite stecken: zwei Schlaufen jeweils links und rechts zwischen Bundfalte und Tasche, zwei Schlaufen jeweils 2 cm neben der Seitennaht auf dem rückwärtigen Hosenteil, zwei Schlaufen jeweils 2 cm links und rechts neben der hinteren Hosennaht. Alle Schlaufen am Hosenbund festnähen, dann jeweils 3 cm unterhalb der Hosenkante noch einmal quer festnähen.

13 Das Vlies auf den Bund bügeln. Den Bund längs im Bruch bügeln. Die später innen liegende Kante versäubern und 1 cm auf die linke Stoffseite umnähen. Den Bund mit der anderen offenen Kante rechts auf rechts auf die Hosenkante nähen, die Schmalseiten zum Reißverschluss hin verstürzen und wenden.

14 Jeweils ein 10 cm langes Stück Gummiband links und rechts hinter der vorderen Gürtelschlaufe bis zur Mitte des hinteren Hosenteils längs an die linke Stoffseite des Bunds nähen, dabei dehnen. Die gesamte Bundweite überprüfen, gegebenenfalls das Gummiband weiter nach vorne ziehen oder kürzen. Den Bund umklappen, festecken und knappkantig über der Bundkante nähen. Durch eine mittige Naht auf der Außenseite des Bundes das Gummiband jeweils fixieren. Das Gummiband ist dabei gedehnt.

15 Die Enden der Gürtelschlaufen um 1 cm nach innen klappen, Gürtelschlaufen nach oben mit dem Falz direkt auf die Bundkante legen und quer verriegeln. Den gesamten Bund an der oberen Kante knappkantig absteppen. Das Knopfloch anzeichnen, nähen und den Knopf annähen.

Schwierigkeitsgrad: ★ ★ ☆

Bequemes **Wichtelcape**

Größe: 86/92

MATERIAL

**Baumwollstoff in Weiß-Rosa
mit Ballonmuster –**
145 cm breit, 130 cm lang (Oberstoff)

Jerseystoff in Rosa –
150 cm breit, 135 cm lang (Futterstoff)

Strickbündchen in Rosa –
70 cm breit, 20 cm lang

farblich passendes Garn

So wird's gemacht

Zuschneiden:

Hinweis: Alle Teile aus weiß-rosa Baumwollstoff mit Ballons mit 1 cm Nahtzugabe, die Teile aus Jerseystoff ohne Nahtzugabe zuschneiden. Beim Oberstoff auf die Musterrichtung achten. Markierungen übernehmen.

aus Baumwollstoff: 1x Vorderteil im Bruch, 1x Rückenteil im Bruch, 2x Kapuze (davon 1x seitenverkehrt), 3 Schrägstreifen (Bindebänder schräg zum Fadenlauf zuschneiden!) 3 cm breit, 30 cm lang

aus Jerseystoff: 1x Vorderteil im Bruch, 1x Rückenteil im Bruch, 2x Kapuze (davon 1x seitenverkehrt), 3 Schrägstreifen (Bindebänder schräg zum Fadenlauf zuschneiden!) 3 cm breit, 30 cm lang

aus Strickbündchen: 2x Ärmelbündchen 18 cm breit, 18 cm lang

① Für die Bindebänder die sechs Schrägstreifen jeweils der Länge nach rechts auf rechts falten, die langen Kanten zusammennähen und die Streifen wenden.

② Die Schulternähte bei den Baumwollstoffteilen schließen und die Nahtzugaben auseinanderbügeln. Die Schulternähte bei den Jerseyteilen ebenfalls schließen, dabei bei einer Schulter eine Wendeöffnung lassen.

③ Den Kopfschlitz zunächst nur beim Baumwollstoff-Cape einschneiden, dann drei Bindebänder links und drei rechts farblich abwechselnd auf die rechte Stoffseite stecken, die offenen Kanten liegen aufeinander, und festnähen.

④ Beide Capes rechts auf rechts aufeinanderlegen, die Kanten des Schlitzes im Baumwollstoff auf den Jersey stecken und annähen. Über die Bindebänder mehrmals nähen. Dann den Schlitz auch beim Jersey einschneiden. Die Capes wenden und die Schlitzkanten bügeln. Die Bandenden jeweils verknoten.

FÜR EIN- BIS DREIJÄHRIGE

5 Die Seitennähte bei beiden Capes rechts auf rechts schließen und die Nahtzugaben auseinanderbügeln. Beim Baumwollstoff-Cape mehrmals fast bis zur Nahtzugabe einschneiden, um die Nähte besser auszuformen.

6 Die Strickbündchen der Länge nach mittig falten, bügeln und wieder aufklappen. Die kurzen Seiten zusammennähen, Nahtzugaben auseinanderbügeln und die Bündchen wieder falten. Dann die Bündchen zuerst rechts auf rechts an die Baumwollstoff-Ärmel nähen, dabei dehnen. Die Bündchen danach an die Jersey-Ärmel nähen, dabei liegen Oberstoff und Futter rechts auf rechts, das Bündchen zwischen den Stoffen, alle Kanten liegen aufeinander.

7 Beide Capes rechts auf rechts stecken und entlang des Saums zusammennähen, die Nahtzugaben auseinanderbügeln.

8 Die Kapuzenteile aus Oberstoff und Futter jeweils rechts auf rechts legen und die Mittelnaht nähen, Nahtzugaben auseinanderbügeln. Beide Kapuzen erneut rechts auf rechts legen, dann entlang der Kapuzenöffnung zusammennähen, wenden und die Kante bügeln. Die Kapuzenöffnung 3 cm vom Rand absteppen. Die Kapuzen innen an den Nahtzugaben der Mittelnähte verbinden, damit sie später nicht auseinanderrutschen. Die Kapuze mit der Jersey-Seite rechts auf rechts an den Halsausschnitt des Baumwoll-Capes nähen und durch die Wendeöffnung ziehen. Nun das Jersey-Cape auf der Baumwollstoffseite der Kapuze rundherum durch alle drei Lagen annähen. In den Rundungen die Nahtzugabe mehrmals vorsichtig fast bis zur Naht einschneiden.

9 Das Cape durch die Wendeöffnung wenden und die Öffnung von Hand schließen. Die Saumkanten rundherum bügeln und 3 cm vom Rand absteppen. Abschließend 3 cm um den Schlitz herum anzeichnen und entlang der Markierung absteppen.

Tipp

Für kühlere Jahreszeiten können Sie das Cape auch mit Fleece (mit 1 cm Nahtzugabe!) oder Teddyplüsch füttern. Wasserabweisend wird das Cape, wenn Sie als Oberstoff Wachstuch verarbeiten.

Leichter **Kapuzenmantel**

Größe: 98

MATERIAL

Baumwollstoff in Dunkelblau mit Schwalbenmuster –
145 cm breit, 85 cm lang (Oberstoff)

Jerseystoff in Blau-Schwarz gestreift –
150 cm breit, 75 cm lang (Futterstoff)

Baumwollstoff in Dunkelblau –
140 cm breit, 40 cm lang (Besatz)

Popeline in Türkis-Weiß schräggestreift –
139 cm breit, 40 cm lang (Zierblenden)

Reißverschluss in Türkis –
teilbar, 40 cm lang

4 überziehbare Knöpfe –
ø 2 cm, mit Werkzeug

mittelstarkes Bügelvlies –
einseitig haftend, 90 cm breit, 6 cm lang

farblich passendes Garn

So wird's gemacht

Zuschneiden:

Hinweis: Alle Teile mit 1 cm Nahtzugabe zuschneiden, an den Reißverschlusskanten der Vorderteile und Untertrittteile 2 cm Nahtzugabe hinzurechnen. Markierungen übernehmen.

aus Baumwollstoff mit Schwalben:
2x Vorderteil (davon 1x seitenverkehrt), 1x Rückenteil im Bruch, 2x Untertritt Reißverschluss (davon 1x seitenverkehrt), 4x Riegel, 2x Tasche (davon 1x seitenverkehrt), 2x Kapuze (davon 1x seitenverkehrt), 2x Ärmel (davon 1x seitenverkehrt)

aus Jerseystoff:
2x Vorderteil (davon 1x seitenverkehrt), 1x Rückenteil im Bruch, 2x Tasche (davon 1x seitenverkehrt), 2x Kapuze (davon 1x seitenverkehrt), 2x Ärmel (davon 1x seitenverkehrt)

Zuschneiden der Schrägbänder für Besatz und Zierblenden:

Hinweis: Nach dem Zuschneiden (und teils Aneinandernähen) die langen Kanten des Schrägbands jeweils zur Mitte hin bügeln, das Band anschließend der Länge nach mittig falten. So ergibt sich die finale Breite.

aus Baumwollstoff in Dunkelblau (Besatz):
1x für Saum- und Reißverschlusskanten Jacke: 8 cm breit, 180 cm lang (finale Breite: 3 cm + 1 cm Nahtzugabe), 2x für Saum Ärmel: 6 cm breit, 25 cm lang (finale Breite: 2 cm + 1 cm Nahtzugabe), 1x für Saum Kapuze: 6 cm breit, 60 cm lang (finale Breite: 2 cm + 1 cm Nahtzugabe)

aus Popeline in Türkis-Weiß (Zierblenden):
1x für Saum- und Reißverschlusskanten Jacke: 4 cm breit, 180 cm lang (finale Breite: 1 cm + 1 cm Nahtzugabe), 2x für Saum Ärmel: 4 cm breit, 25 cm lang (finale Breite: 1 cm + 1 cm Nahtzugabe), 1x für Saum Kapuze: 4 cm breit, 60 cm lang (finale Breite: 1 cm + 1 cm Nahtzugabe)

Fortsetzung Anleitung S. 54/55

FÜR EIN- BIS DREIJÄHRIGE

❶ Die offenen Kanten des breiten Schrägbandes in Dunkelblau (Besatz) rechts auf rechts an die Jackenvorderteile und das Rückenteil entlang der Saum- und Reißverschlusskanten nähen.

❷ Das Vlies auf die Untertrittteile bügeln, überstehendes Vlies abschneiden, und die Teile rechts auf rechts zusammennähen bis auf die Reißverschlusskante. Wenden, die Kante bügeln, dann einmal knappkantig und einmal füßchenbreit absteppen. Den Reißverschluss rechts auf rechts an die Vorderteile aus Oberstoff nähen, umklappen und die Naht vorsichtig knapp neben dem Reißverschluss bügeln. Die Nahtzugabe vom Reißverschluss umbügeln. Den Untertritt unter die linke Seite des Reißverschlusses nähen. Die offenen Kanten des Untertritts und des Reißverschlusses liegen dabei aufeinander.

❸ Das schmale Schrägband (Zierblende) an den Vorderteilen, am Rückenteil, an den Ärmeln und an der Kapuze mit der offenen Seite knapp unter den aufgeklappten Besatz stecken. Das Schrägband dabei an den Rundungen der Vorderteile in kleine Falten legen.

❹ Für die Taschen jeweils ein Teil aus Ober- und Futterstoff rechts auf rechts zusammennähen, dabei eine Wendeöffnung lassen. Wenden, die Kanten bügeln, die obere Kante absteppen und die Taschen laut Markierung füßchenbreit auf die Vorderteile nähen.

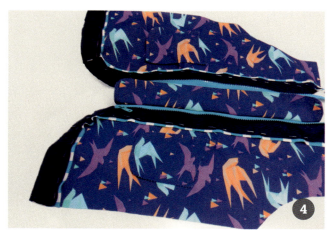

❺ Beim Oberstoff sowie beim Futter jeweils die Schulternähte schließen und füßchenbreit absteppen. Die lange Seitennaht der Ärmel aus beiden Stoffen jeweils schließen und die Ärmel bei Oberstoff und Futter einsetzen. Wieder füßchenbreit absteppen in Richtung Jacke.

FÜR EIN- BIS DREIJÄHRIGE

6 Anschließend jeweils die Seitennähte der Jacke schließen, dabei beim Futter eine Wendeöffnung in der Seitennaht lassen. Die Nahtzugaben auseinanderbügeln.

7 Für die Kapuze beide Teile aus Oberstoff rechts auf rechts legen und die Mittelnaht schließen. Die Nahtzugabe in eine Richtung bügeln und füßchenbreit absteppen. Bei der Futterkapuze wiederholen.

8 Die Kapuzen aus Ober- und Futterstoff rechts auf rechts legen, dann die lange Kante mit dem Besatz schließen. Wenden, die Kante bügeln und den Besatz inklusive Zierblende durch Ober- und Futterstoff hindurch festnähen.

9 Die Kapuze rechts auf rechts an den Halsausschnitt der Oberstoffjacke nähen. In der Rundung die Nahtzugabe fast bis zur Naht einschneiden.

10 Jacke aus Oberstoff und Futter rechts auf rechts entlang des Halsausschnitts, des Reißverschlusses und dem unteren Saum zusammennähen, durch die Wendeöffnung in der Seitennaht des Futters wenden. Die Kanten bügeln und auf dem Besatz durch alle Stofflagen knappkantig absteppen.

11 Die Saumkanten von Ärmel und Ärmelfutter rechts auf rechts zusammennähen, wenden, die Kanten bügeln und auf dem Besatz durch beide Stofflagen knappkantig absteppen. Die Wendeöffnung im Futter schließen. Dazu die Nahtzugabe auf beiden Seiten der Öffnung einschlagen und die Kanten knappkantig zusammensteppen.

12 Je Riegel zwei Stoffteile rechts auf rechts zusammennähen, dabei eine Wendeöffnung lassen. Wenden, bügeln und füßchenbreit ringsum absteppen. Abschließend gemäß Markierung mittig über der Seitennaht feststecken und mit den mit dem Oberstoff bezogenen Knöpfen (hierzu bitte die Herstellerangaben beachten!) fixieren.

Tipp

Für einen warmen Wintermantel statt Jersey wattiertes Steppfutter (als Meterware erhältlich, mit 5 mm Nahtzugabe) verwenden und den Mantel wie beschrieben nähen.

Hier geht's zum Video:

www.stoffe.de/futter-naehen

Farbenfrohe **Übergangsjacke**

Größe: 86

MATERIAL

Baumwollstoff in Türkis mit Fuchsmuster –
140 cm breit, 60 cm lang (Oberstoff)

Jerseystoff in Gelb –
145 cm breit, 65 cm lang (Futterstoff)

mittelstarkes Bügelvlies –
einseitig haftend, 90 cm breit,
15 cm lang

6 Druckknöpfe in Türkis –
ø 1,2 cm

farblich passendes Garn

So wird's gemacht

Zuschneiden:

Hinweis: Alle Teile mit 1 cm Nahtzugabe zuschneiden, außer die Teile aus Vlies. Beim Futterstoff an Ärmeln, Vorderteilen und Rückenteil 2 cm Saumzugabe und an den vorderen Kanten 1,5 cm Nahtzugabe hinzurechnen. Beim Oberstoff auf die Musterrichtung achten. Markierungen übernehmen.

aus Baumwollstoff mit Fuchsmotiv:
1x Vorderteil links, 1x Vorderteil rechts, 1x Rückenteil im Bruch, 2x Ärmel (davon 1x seitenverkehrt), 2x Kragen (davon 1x seitenverkehrt)

aus Jerseystoff in Gelb:
1x Futter-Vorderteil links, 1x Futter-Vorderteil rechts, 1x Futter-Rückenteil im Bruch, 2x Ärmel (davon 1x seitenverkehrt), 4x Tasche (davon 2x seitenverkehrt)

aus Bügelvlies:
2x Kragen (davon 1x seitenverkehrt), 4x Streifen 4 cm breit, 38 cm lang

❶ Die vier Streifen aus Vlies jeweils auf die linke Stoffseite an den Verschlusskanten der Vorderteile aus Ober- und Futterstoff aufbügeln.

❷ Die Seitennähte bei Vorderteilen und Rückenteil aus Oberstoff von oben und von unten bis jeweils zu den markierten Querlinien schließen und die Nahtzugaben auseinanderbügeln. Die Seitennähte des Futters schließen.

❸ Jeweils zwei gegengleiche Taschenteile rechts auf rechts in die Taschenöffnung der Seitennaht der Oberstoff-Jacke legen, die Kanten liegen aufeinander, und jeweils an der Vorder- und Rückenseite annähen. Dabei oben und unten jeweils 1,5 cm weit in die Taschenöffnung weiternähen.

FÜR EIN- BIS DREIJÄHRIGE

Die Taschenteile rundherum zusammennähen und von außen zweimal entlang der Rundung des Taschensacks absteppen.

❹ Die Ärmel aus Oberstoff jeweils rechts auf rechts falten und die Ärmelnähte schließen, die Nahtzugaben auseinanderbügeln. Bei den Futterärmeln wiederholen, jedoch bei einem Ärmel eine Wendeöffnung lassen. Die Ärmel jeweils in die Oberstoffjacke bzw. die Futterjacke nähen. Die Nahtzugaben in die Jacke bügeln und beim Oberstoff zweimal, beim Futterstoff einmal absteppen.

❺ Den Saum von Oberstoff- und Futterjacke rechts auf rechts zusammennähen und wenden, die Kante so bügeln, dass der Jersey 1 cm herausschaut. Auch die vorderen Verschlusskanten zusammennähen. Die Jacke wenden und Kanten so bügeln, dass der Jersey hier circa 5 mm herausschaut.

❻ Die Säume an den Ärmeln ebenfalls rechts auf rechts zusammennähen, wenden und so bügeln, dass 1 cm vom Jersey herausschaut. Dann alle Säume zweimal durch beide Lagen absteppen.

❼ Auf beide Kragenteile das Vlies bügeln, rechts auf rechts zusammennähen, ausgenommen die Annähkante, wenden und zweimal absteppen. Den Kragen an die Oberstoffjacke nähen, dann gegengleich an die Futterjacke nähen, dabei alle Stofflagen zusammensteppen. Entlang der Rundung mehrmals die Nahtzugaben von Kragen und Futter einschneiden.

❽ Anschließend die Jacke wenden, die Wendeöffnung im Ärmelfutter schließen und die Druckknöpfe gemäß Markierung anbringen.

Fuchsschal

Größe: ca. 12 cm breit, 100 cm lang

MATERIAL

Fleece in Braun –
165 cm breit, 35 cm lang

Antipilling-Fleece in Weiß –
150 cm breit, 15 cm lang

Füllwatte oder klein geschnittene Fleecereste –
(Füllmaterial)

2 Stegknöpfe in Weiß –
(für die Augen), ø ca. 1 cm

farblich passendes Garn

So wird's gemacht

Zuschneiden:

Hinweis: Alle Teile plus 1 cm Nahtzugabe zuschneiden. Markierungen übernehmen.

aus Fleece in Braun:
1x Oberseite, 2x Hinterbeine, 1x Vorderbeine Unterseite,
2x Kopf-Oberseite, 1x Kopf-Unterseite, 2x Schwanz,
2x Ohr außen
aus Fleece in Weiß:
1x Unterseite, 2x Wange, 2x Ohr innen

❶ Die Schwanzteile rechts auf rechts zusammennähen, die kurze Seite bleibt offen, anschließend verstürzen und rechts auf rechts mittig an die hintere Rundung der Oberseite nähen. Die offenen Kanten liegen dabei aufeinander. Danach den Schwanz rechts auf rechts auf ein Hinterbeinteil legen, das Hinterbeinteil und die Oberseite entlang der Rundung zusammennähen und die Rundung zur Körperseite hin füßchenbreit absteppen.

❷ Das zweite Hinterbeinteil und das Vorderbeinteil jeweils rechts auf rechts an die weiße Unterseite nähen. Beim Vorderbeinteil in der Naht eine Wendeöffnung lassen. Die Nähte bügeln.

❸ Die Oberseite und Unterseite rechts auf rechts ringsum zusammennähen, die Nähte bügeln. Bei den Rundungen die Nahtzugabe fast bis zur Naht einschneiden, damit sich die Pfoten besser ausformen lassen. Durch die Öffnung wenden und die Wendeöffnung mit Handstichen schließen.

FÜR EIN- BIS DREIJÄHRIGE

❹ Für den Kopf zuerst die Wangen rechts auf rechts an die Kopfoberseiten nähen. Zur Kopfseite hin knappkantig absteppen. Anschließend die Mittelnaht von der Oberseite des Kopfes nähen. Auf der linken Stoffseite zwei kleine Querfältchen (je ca. 2 cm lang) legen und nähen.

❺ Für die Ohren jeweils ein weißes und ein braunes Ohrenteil rechts auf rechts an zwei Seiten zusammennähen, verstürzen und füßchenbreit absteppen. Anschließend die Ohren jeweils mit der weißen Ohrenseite rechts auf rechts am Oberkopf annähen, die offenen Kanten liegen dabei aufeinander.

Tipp

Wer mag, befestigt noch einen Knopf, einen kleinen Pompon oder eine Tiernase als Fuchsschnauze.

❻ Kopf-Oberseite und -Unterseite rechts auf rechts legen, zusammennähen, dabei eine Wendeöffnung zwischen den Ohren lassen. Anschließend wenden. Die Mehrweite im Oberkopf durch die Wendeöffnung mit Füllwatte oder klein geschnittenen Fleeceresten füllen. Die Öffnung schließen.

❼ Anschließend den Kopf an der Unterseite mit Handstichen auf den Schal nähen sowie die Knöpfe als Augen befestigen.

Näh-Basics – So geht's!

Sie haben Ihr Lieblingsmodell gefunden und möchten es jetzt gleich in die Tat umsetzen? Bei der Stoffauswahl dürfen Sie kreativ werden. Das Schnittmuster sollten Sie aber sehr sorgfältig übertragen und ausschneiden.

Papierschnitt anfertigen: Alle Schnittmuster finden Sie zusätzlich zu den Download-Dateien in Originalgröße auf den beiden **beiliegenden Schnittmusterbogen**. Alle zusammengehörigen Teile eines Schnittmusters sind in der gleichen Farbe angelegt. Legen Sie Schnittpapier unter den Schnittmusterbogen. Dazwischen platzieren Sie Schneiderkopierpapier, und zwar mit der beschichteten Seite nach unten. Fahren Sie nun mit dem Kopierrädchen oder einem Bleistift alle Konturen eines Schnittteiles in gleicher Farbe nach. Übertragen Sie auch die Innenlinien wie Abnäher, Fadenlauf und Bruch- oder Ansatzkanten sowie Markierungen für Knöpfe etc. Achten Sie darauf, dass Sie beim Kopieren der verschiedenen Teile das Schnittpapier immer so weit verschieben, dass die einzelnen Teile auf dem Schnittpapier neben- und nicht übereinanderliegen. Schneiden Sie jedes Schnittteil entlang der Außenkonturen aus dem Schnittpapier aus. Anschließend übertragen Sie die Bezeichnung des Schnittteils und die Anzahl, wie oft das Teil aus Stoff zugeschnitten werden muss, auf das Papier. Markieren Sie gegebenenfalls Kanten, die am Stoffbruch angelegt werden müssen. Achten Sie auch darauf, dass Sie Belegteile, die gegebenenfalls in den Schnittteilen eingezeichnet sind, extra auf Papier übertragen.

Stoffzuschnitt und Fadenlauf: Legen Sie die Schnittteile auf dem Stoff aus. Achten Sie darauf, dass der **Fadenlauf** – er verläuft immer parallel zu den Webkanten und ist in den Schnittmustern durch einen Pfeil in derselben Farbe gekennzeichnet – bei Schnittteilen, bei denen Angaben dazu gemacht werden, eingehalten wird. Denken Sie daran,

dass Sie bei einfacher Stofflage viele Teile zweimal, davon einmal seitenverkehrt zuschneiden müssen. Bei doppelter Stofflage passiert dies automatisch. Haben Sie die optimale Positionierung der Schnittteile mit genügend Abstand für die in der Anleitung angegebenen **Naht- und Saumzugaben** (Achtung: Bei einigen Modellen ist die Naht- und Saumzugabe eventuell bereits inklusive!) gefunden, stecken Sie sie jeweils rundherum mit Stecknadeln auf dem Stoff fest. Nun zeichnen Sie mit Schneiderkreide und einem Handmaß oder kleinen Lineal die Nahtzugaben rund um die Schnittteile auf den Stoff. Sie können die Nahtzugaben aber auch mithilfe eines zweirädrigen Kopierrädchens und Kopierpapier auf den Stoff übertragen, indem Sie das Kopierpapier unter den Stoff legen und dann mit dem Kopierrädchen außen am Papierschnitt entlangfahren. Damit haben Sie gleichzeitig auch die Nahtlinien mit übertragen und können den Stoff jetzt einfach entlang der Naht- oder Saumzugaben ausschneiden. Bei Stoffen mit „Strich" wie Samt oder Nicki sollten Sie alle Teile mit gleicher Richtung zuschneiden, z. B. alle Säume zeigen in eine Richtung. Bei auffälligen Mustern wie Karos oder Streifen unbedingt auf den Rapport achten.

Schwierigkeitsgrad: Bei jedem Modell ist ein Schwierigkeitsgrad angegeben, dargestellt durch Sterne. Ein Stern bedeutet „einfach", diese Modelle sind relativ schnell umzusetzen, auch für Nähanfänger. Die Modelle, die mit zwei Sternen gekennzeichnet sind, haben einen mittleren Schwierigkeitsgrad, sie sind etwas aufwendiger und brauchen mehr Zeit und etwas Übung. Profi-Projekte mit drei Sternen setzen bereits einiges an Näherfahrung und Übung voraus.

★ ☆ ☆ Für Nähanfänger
★ ★ ☆ Für Fortgeschrittene und Geübte
★ ★ ★ Für Profis an der Nähmaschine

Die Reih- oder Kräuselnaht: Beim Einreihen oder Kräuseln wird viel Mehrweite einer Stoffkante gerafft und so zusammengeschoben, dass kleine, weiche Fältchen entstehen.

① Steppen Sie mit Stichlänge 4–5 mm innerhalb der Nahtzugabe zwei parallele Reihnähte. Die Fadenenden lassen Sie etwa 10 cm lang herabhängen. Verknoten Sie an einem Ende beide Ober- oder Unterfäden dicht an der Stepplinie miteinander. Am anderen Ende ziehen Sie beide Ober- oder Unterfäden fest an, sodass sich die Stoffweite zusammenschiebt. Haben Sie die gewünschte Länge der gekräuselten Kante erreicht, verknoten Sie auch hier die Fäden dicht an der Stepplinie.

② Verteilen Sie die Mehrweite gleichmäßig durch Schieben auf die gesamte Länge. Zwischen den beiden Stepplinien entstehen senkrechte Fältchen. Jetzt steppen Sie die gereihte Kante auf das glatte Gegenstück.

Mit Schrägband einfassen – fertig vorgefaltetes Schrägband:

① Stecken Sie das Band aufgefaltet rechts auf rechts auf die Stoffkante. Steppen Sie die Naht im Bügelbruch des Schrägbandes.

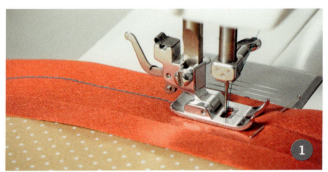

② Klappen Sie das eingefaltete Schrägband um die Kante auf die linke Seite, bügeln Sie es um und stecken Sie es so fest, dass die Bruchkante 1 mm über die Nahtansatzkante hinausragt. Evtl. heften und von der rechten Seite aus in der Nahtansatzkante (= Nahtschatten) oder schmalkantig auf dem Schrägband steppen.

Tipp

Wie Sie aus einem Stoff Ihrer Wahl selbst ein Schrägband herstellen können, erfahren Sie im Video „How-to Schrägband selber machen"

www.stoffe.de/schraegband-naehen

Reißverschlüsse: Manche Modelle kommen nicht ohne Verschluss aus, und sei es auch nur zur Zierde. Die wichtigsten Verschlussarten sind Knöpfe und Reißverschlüsse. Dazu kommen Druckknöpfe zum Einschlagen, Klettband und vieles mehr. Etwas Übung bedarf das Einsetzen eines Reißverschlusses:

Der sichtbar eingesetzte Standardreißverschluss:

Dieser Reißverschluss ist an einem Ende geschlossen und kann verdeckt oder sichtbar eingesetzt werden. Er wird dann sichtbar eingesetzt, wenn keine Naht vorhanden ist. Dafür muss vorher in den Stoff ein Schlitz mit versäuberten Kanten eingearbeitet werden. Die Schlitzbreite richtet sich nach der Breite der Reißverschlusszähnchen.

Legen Sie den Reißverschluss unter die Kanten des Schlitzes, sodass die Zähnchen zu sehen sind, und heften Sie ihn rundum fest. Steppen Sie den Reißverschluss von der

Vorderseite rundherum dicht an den Zähnchen fest. Anschließend die Heftfäden entfernen.

Finden Sie den richtigen Stoff!

Nähen macht Spaß – aber nur mit dem richtigen Stoff!
Alle Materialien, die für die Herstellung der Kinder- und Babykleidung verwendet wurden, finden Sie unter folgendem QR-Code und Link:

www.stoffe.de/kinderkleidung

Einfach nach Ihrem Wunschmodell suchen, den Namen des Materials kopieren und in die Suchzeile einsetzen. Dann auf das Produkt klicken, Menge auswählen und in den Warenkorb legen. Gutschein einlösen (siehe Seite 2) und bequem nach Hause liefern lassen. Sollte ein Stoff mal ausverkauft sein, bietet Ihnen stoffe.de in dieser Liste oder über seinen Kundendienst eine passende Alternative an.

E-Mail: kundenservice@stoffe.de

Telefon: +49 (0)40 609 459 111 (Montag – Freitag 9.30 – 17.00)

Kontakt-Formular: https://www.stoffe.de/contact.htm

Autorin: Jessica Stuckstätte
Fotos: Cutter & Soul GmbH, Hamburg (alle Modellfotos), © Fotolia.com – Andreja Donko (S. 4), Maren Stöver/Cutter & Soul (S. 5), Jochen Arndt (S. 63/64), Verlagsarchiv (übrige Arbeitsschritt-Fotos)
Illustrationen: © fabfab GmbH (Schmuck-Illustrationen und Fähnchen), © Fotolia.com – lesichkadesign (Stoffhintergrund), Derek Gotzen (S. 23, Schlingstich)